经世大儒王阳明

一本能量价值百亿美金的心学兵法

谢海金 著

重慶出版集团　重慶出版社

思想者先行……

图书在版编目（CIP）数据

经世大儒王阳明 / 谢海金著.—重庆：重庆出版社，2013.8
ISBN 978-7-229-06723-6

Ⅰ．①经… Ⅱ．①谢… Ⅲ．①王守仁（1472～1528）－传记 Ⅳ．①B248.21

中国版本图书馆CIP数据核字(2013)第137267号

经世大儒王阳明
JINGSHIDARU WANGYANGMING
谢海金　著

出　版　人：罗小卫
责任编辑：罗玉平
责任校对：李小君
装帧设计：千卷传媒·上上设计

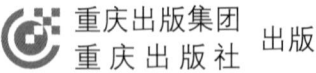
出版

重庆长江二路205号　邮政编码：400016　http://www.cqph.com
重庆市鹏程印务有限公司印制
重庆出版集团图书发行有限公司发行
E-MAIL:fxchu@cqph.com　邮购电话：023-68768452

全国新华书店经销

开本：710×1000　1/16　印张：16.75　字数：190千
2013年8月第1版　2013年8月第1次印刷
ISBN 978-7-229-06723-6
定价：32.00元

如有印装质量问题，请向本集团图书发行有限公司调换：023-68706683

版权所有　　侵权必究

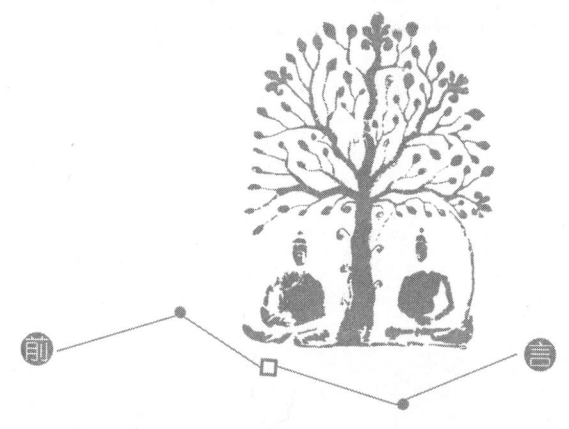

前言

  他是一位运筹帷幄、决胜千里的军事家,曾在南赣剿匪,又在鄱阳擒王,还在思田平乱,虽不算千古名将,却好歹战绩辉煌。他的赫赫战功,未博得富贵荣华,却赢得百世荣光!

  他是一位学为人师、行为世范的教育家,大明张居正,满清曾国藩,虽不是他的亲传弟子,却受其影响甚多。他的一句知行合一,道尽世间多少事,指引古今多少人!

  他是一位学贯古今、洞察人心的哲学家,一朝龙场悟道,从此四海传道,最终天泉证道,虽不是一帆风顺,却终究功德圆满。他的心学教义,天下谁人会不知,后世谁人会不晓!

  他就是王阳明,立功、立德、立言"三不朽"的明朝第一人!

  然而,历史是公平的,因为它对每个历史人物都不公平。即便是王阳明这样"牛逼"的伟人,也被历史记录下了一段"二逼"的张扬青春,一段"傻逼"的奋斗历程和一段"苦逼"的坎坷人生。

经世大儒王阳明

目 录

□ 一本能量价值百亿美金的心学兵法

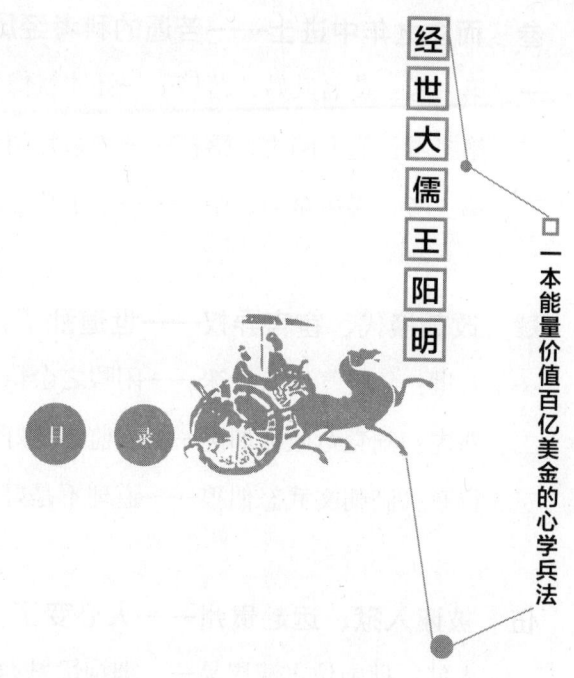

壹 书香门第出俊杰——辉煌的家族历史

一、秦汉辉煌：封侯拜将、戎马天下——秦时明月汉时关 / 003

二、孝悌流芳：王览争鸩、卧冰求鲤——魏晋风流美名扬 / 007

三、千古书圣：兰亭集序、洛神赋书——千古书圣天下传 / 010

贰 王家有子初长成——传奇的成长历程

一、瑞云楼：神奇的出生——圣人降世、必有异象 / 016

二、金山寺：传奇的诗篇——不鸣则已、一鸣惊人 / 023

三、格物斋：猎奇的开始——博闻强识、敏而好学 / 033

叁　而立之年中进士——苦逼的科考经历
一、第一考：莫名其妙，落榜——怀才就像怀孕 / 044

二、第二考：遭人陷害，落榜——关系是门学问 / 050

三、第三考：竭尽全力，中举——金子总会发光 / 055

肆　改朝换代、宦官弄权——世道乱了，枪打出头鸟
一、入世：年轻气盛入仕途——闲暇之余悟悟道 / 058

二、八虎：阉党苛政猛如虎——太监不是好惹的 / 066

三、议政：满朝文武怒似狼——道理不是好讲的 / 071

伍　被诬入狱、远赴贵州——人心变了，专欺老实人
一、入狱：狱中仿古演周易——幽拘忧思 / 075

二、逃窜：钱塘投江避追杀——投江漂海 / 080

三、戍边：穷山恶水斗刁民——客场作战 / 086

陆　幽居山林、龙场悟道——道理悟了，潜龙终飞天
一、环境：苍莽山林自在居——生活环境很重要 / 095

二、处境：龙冈书院可训民——群众基础也重要 / 098

三、心境：平心静气终悟道——平和心态更重要 / 102

柒　漳南之役：书生纸上谈兵——读书还是有用的
一、临危受命，明辨是非如鹰——仁者无敌 / 112

二、指点江山，运筹帷幄如龙——智者无惑 / 117

三、三战三捷，气吞万里如虎——勇者无惧 / 122

捌　赣南之役：儒将初露锋芒——兵法还是靠谱的

一、统一指挥权：整编军队——没兵谁给你打仗 / 131

二、利用经济权：筹措军饷——没钱谁给你出力 / 137

三、掌握主动权：雷霆出击——没事谁跟你死磕 / 140

玖　粤北之役：剿匪大获全胜——教育还是必须的

一、圣人诛心：虚则实之、实则虚之——忽悠，接着忽悠 / 150

二、瓮中捉鳖：分兵合围、各个击破——冲击，继续冲击 / 155

三、智降匪首：环环相扣、计计精妙——清剿，必须清剿 / 159

拾　宁王举兵叛乱——你昏庸、我造反

一、包藏祸心，招纳亡命之徒——盗贼也算精英？！ / 168

二、苦心经营，终于等到时机——昏庸也是理由？！ / 163

三、造反有理，谁让太祖起义——祖宗都是浮云？！ / 178

拾壹　阳明苦战建功——你搭台、我唱戏

一、攻心反间战——赌的就是你怕死 / 183

二、南昌攻城战——玩的就是时间差 / 190

三、鄱阳湖水战——打的就是落水狗 / 194

拾贰　皇帝亲征搅局——你不准、我偏要

一、皇帝昏庸，一群奸臣献媚——陛下，您能不能再傻点 / 200

二、阳明无奈，只能装病避让——老天，您能不能别玩了 / 204

三、朝纲不振，蒙受不白之冤——圣上，您能不能放过我 / 208

拾叁　两广兵祸，阳明临危受命——出事了才想到他
　一、两广作乱，被迫劳身远征——最后的建功立业 / 213
　二、天泉证道，空留四句教法——最后的思想总结 / 217
　三、总督两广，看清时局形势——最后的远见卓识 / 220

拾肆　断藤峡之役，轻破敌军阵营——打仗了就重用他
　一、麻痹大意，心学融于兵法——姜还是老的辣 / 229
　二、调兵遣将，运筹帷幄之中——兵还得部署好 / 231
　三、出奇制胜，永绝多年匪患——匪还是绝了好 / 233

拾伍　八寨之役，人生最后一战——结尾了才怀念他
　一、故技重施，从不按常理出牌——虚则实之、实则虚之 / 237
　二、秘密行动，奇兵天降显神威——出其不意、攻其不备 / 239
　三、悄然辞世，赢得生前身后名——生的光荣、死的伟大 / 243

附录1：王阳明年谱

附录2：主要参考文献

附录3：《明史·列传第八十三》（王守仁列传）

壹 书香门第出俊杰——辉煌的家族历史

在介绍王阳明家族的辉煌历史前,请允许我吟诗一首:

朱雀桥边野草花,乌衣巷口夕阳斜。

旧时王谢堂前燕,飞入寻常百姓家。

这首千古传诵的《乌衣巷》,是被誉为"诗中豪杰"的刘禹锡的代表作。诗名里的乌衣巷,过去是金陵这座六朝古都的"名流聚居区",而现在,则成了南京秦淮区的旅游胜地。

曾经的王导和谢安,令乌衣巷不凡;后来的王羲之和谢灵运,则令乌衣巷不俗;再后来的刘禹锡和周邦彦,更令乌衣巷不朽;到最后,朱自清那篇旖旎唯美的《桨声灯影里的秦淮河》,则令金陵和乌衣巷,变得如梦幻般不真实。

到如今,秦淮河的桨声灯影,乌衣巷的野草斜阳,多了几分繁华和喧嚣,却少了几分意境和空灵。唯有由毛泽东亲笔书写的《乌衣巷》刻诗，独自立在巷口，用龙飞凤舞的笔力，吟诵着魏晋风流的诗意。

而《乌衣巷》诗中所说的"王谢"，指的是琅琊王氏和陈郡谢氏这两大家族！如果真要用西方的那套贵族体系来衡量中国的书香门第的话，那么，琅琊王氏和陈郡谢氏绝对能跻身中国十大贵族之列！

先看琅琊王氏，秦时有王翦、王贲、王离三大名将，爷孙携手，助秦一统天下；晋时有王羲之、王献之两位书圣，父子挥毫，谱写魏晋风流；至于卧冰求鲤的王祥、竹林七贤的王戎、建立东晋的王导等等，统统都是琅琊王氏的青年才俊。

再说陈郡谢氏，先有谢安东山再起，挫桓温、败苻坚；后有谢玄草木皆兵，战淝水、挽狂澜；再有封胡羯末四才子、咏絮才女谢道韫、山水诗祖谢灵运，一个个才显当时、名传后世，而这些，也只不过是陈郡谢氏的代表人物。

王谢两家，英才频出，如此家族，莫说东晋，便是五千年华夏，也找不出多少门阀望族能与之相提并论，无怪乎后人评曰：王家书法谢家诗，千古流传天下知！

而王阳明，正是琅琊王氏的后世子孙。虽然王阳明出生的时候，王氏已不复当年的辉煌，甚至他出生的地方都已经不在琅琊，但是，这依旧改变不了他作为琅琊王氏子孙的胸襟和气度。

一、秦汉辉煌：封侯拜将、戎马天下——秦时明月汉时关

1. 封侯拜将

可以毫不夸张地说，王阳明绝对算得上是一个根正苗红的"贵族子弟"，虽然他生活的年代，已经不是琅琊王氏最辉煌的时期，甚至，王氏家族都不能给予他足够的物质财富和声望地位，但是，琅琊王氏传承了数百年的精神和素养，却几乎影响了王阳明的一生。

用现在的话来形容，身为琅琊王氏后裔的王阳明，即便不是含着金钥匙出生的"高富帅"，也绝对不是裹着粗布麻衣出生的"矮矬穷"。

然而历史是幽默的，因为时过境迁之后，所有的历史人物都显得不再严肃。

即便是忧国忧民的"忧郁王子"杜甫，现在也能被涂鸦成"大忙人"；纵然是执掌天下的"九五之尊"朱厚照，如今也被戏谑为"大明第一潇洒帝"。至于曾经被历史奉为"全能大儒"的王阳明，现在更是荣获了"大明牛人排行榜"的状元头衔。

虽然这个"大明牛人排行榜"没有经过数据分析，也没有得到科学验证，但是，让王阳明荣登榜首，幽默的历史应该也会严肃地点头，然后深沉地说一句："牛皮不是吹出来的，牛人不是

捧出来的，王阳明确有过人之处，这还得感谢他的那些同样牛叉的祖宗们！"

王阳明的家族历史，生动地诠释了一个朴素的道理，那就是历史上的牛人，没有最牛，只有更牛！

早在秦皇汉武、弯弓射雕的年代，王阳明的老祖宗们，就已经开始牛逼哄哄地为王氏家族谱写辉煌的篇章。

众所周知，秦始皇一统天下的那段时期，天下局势，怎一个乱字了得！然而，乱世出英雄！就在诸侯争雄、七国争霸之际，王翦、王贲横空出世，父子齐上阵，亲率大秦铁骑，东征西讨，并吞五国，一统天下，功勋之卓著，当世几乎无人可与之比肩。

到了秦朝统一天下以后，秦始皇还格外恩宠地将王离（王翦的孙子、王贲的儿子）也册封为了武城侯。爷孙三人均被秦始皇封侯拜将，如此殊荣，在中国第一个大一统王朝的历史上，几乎可以说是绝无仅有的。

为此，秦汉两朝知名度最高的、身残志不残的"史圣"司马迁，都不得不在他的史学专著中坦白从宽，秉笔直书："秦始皇二十六年，尽并天下，王氏、蒙氏功为多，名施于后世。"（《史记·王翦传》）

司马迁那段话里的"蒙氏"，自从得到了成龙大哥的卖座电影《神话》的宣传，国人对"蒙氏"的了解，就几乎可以和"蒙牛"这个民族品牌并驾齐驱了。

可是，即便是知名度那么高的"蒙氏"，在"史圣"司马迁的笔下，却依旧要屈尊于"王氏"之后，由此可见，王氏家族在短命的大秦皇朝里，声望和地位该有多高啊！

然而，俗话说得好：一山不容二虎，哪怕是一公和一母。

毫无疑问，王、蒙两大家族，绝对是秦朝的两头猛虎。或许在秦朝争霸天下的征途中，这两头猛虎能够成为秦朝的"杀手锏"，但是，天下统一后，这两头猛虎的下场，正常来说，就只有两种了。

一种是两虎相争，朝廷坐山观虎斗；另一种则是卸磨杀虎，皇帝的榻下，不容猛虎环伺，不然就太危险了。

然而，历史的幽默，就在于它总是给你意料之外的惊讶，同时又给你情理之中的惊喜。关于王、蒙两大家族的下场，历史没有安排两虎相争的悲剧，也没有安排卸磨杀虎的惨剧，而是安排了一场非常无厘头的闹剧，名字叫做"穿越时空的恩怨纠葛"！

2. 王蒙纠葛

上面介绍过，秦始皇时期，王氏有王翦、王贲、王离爷孙三人，先后都封侯拜将。而蒙氏也不差，不仅有蒙骜、蒙武、蒙恬爷孙三将军，还有一个在朝廷里担任文官要职的蒙毅（蒙恬的弟弟）。

根据史书的记载，战国七雄之一的楚国，就是王翦和蒙武联手消灭的。至于扫灭赵、魏、齐等国的功劳，则要归功于王翦、王贲和蒙恬等人。可以说，王氏和蒙氏在秦始皇时期，既是战场上的战友，又是朝堂上的敌人。不过，两家人终究都是行伍出身，明争时常有，暗夺应该比较少。

后来蒙恬被派去监修长城、抵御匈奴，王家的后生子弟王离，恰恰是他的助手之一。沙丘政变之后，秦二世篡位成功，蒙氏家族被那个"指鹿为马"的赵高陷害，最终落了个家破人亡的悲惨下场。而后来接手蒙恬部下的人，还是王离。

这是王离大将军在历史上的第一次闪亮登场，虽然有些不太厚道，但这也不是他能决定的，毕竟人在江湖、身不由己啊，朝廷的圣旨搁在那儿，谁敢不从！

说到这里，似乎王、蒙两家的恩怨纠葛已经画上了句号，因为蒙氏家族已经家破人亡了嘛！可是，历史却像一位天才导演，总喜欢在应该全剧终的时候，突然抛出一个彩蛋。

而这次的彩蛋，是一支毛笔。

在此需要特别说明一点，被古人誉为文房四宝之首的"毛笔"，据说就是蒙氏的代表人物、有着"中华第一勇士"头衔的蒙恬发明的（确切地说是他改良的）。

而王氏家族的后人，被誉为"书圣"的王羲之，则是手握蒙恬"发明"的毛笔，挥毫泼墨，书写了《兰亭集序》这幅"千古第一行书"。毫不夸张地说，王羲之的"书圣"美名以及《兰亭集序》下落的扑朔迷离，几乎把王氏家族的整体知名度提升了一大截。

可是，作为王羲之的"作战武器"的发明者、万里长城的监修者蒙恬以及他背后的家族，却渐渐地淡出了历史的舞台，甚至变得籍籍无名。

如果可以为这出历史话剧进行颁奖的话，蒙氏家族作为最苦逼、最悲情的角色，一定能荣膺"OH MY GOD最佳配角奖"。

说到这里，我们又不得不再次感叹：历史真是幽默啊！千古文人手中的"兵器"，居然是由"一介武夫"发明的，而历代的文人，却每每喜欢用它来书写一些武夫无礼、鲁莽乱政之类的"锦绣文章"。

这样的冷幽默，莫非就是传说中的"因果报应"？

二、孝悌流芳：王览争鸩、卧冰求鲤——魏晋风流美名扬

作为王氏家族的始祖，王翦、王贲、王离三人，在当时可谓牛逼到了极点。不过，这三人终究是武将，与王氏家族后来的书香门第形象，稍微有些冲突，因此不能算作最具代表性的家族代言人。

那么，什么样的牛人，才能算做合格的书香门第代言人呢？

答案很简单，只要这个人的言行举止，非常符合中华民族的传统美德，那他就能勉勉强强作为书香门第的代言人吧！

那么，中华民族的传统美德有哪些呢？

答案就更简单了，简而言之，就是忠、孝、仁、义、礼、智、信！

常言道：百善孝为先，自古以来，华夏子民最喜欢交口称赞的人，恐怕就是史书上的那些孝子们了。纵观中华上下五千年，无论是正史，还是野史，也不管他是才子，还是傻子，只要他是孝子，那他最差也能青史留名，好一点甚至能流芳百世。

1. 史上最牛孝廉

而在汉朝时期，汉武帝还特地设置了一种选拔朝廷官员的考试科目，名字就叫做"孝廉"。

那时候，只要你是个大孝子，或者你非常清廉，恰巧你不小心

暴露了自己孝顺、清廉的美德，再恰巧有人揭发了你，哦不是，是推举了你，那么，你就可以免试进入中央，成为一名光宗耀祖的朝廷官员，从此捧着铁饭碗吃皇粮。有些混得好的"孝廉"，甚至能借此东风，平步青云，扶摇直上，哪怕是成为一朝宰相，也不是不可能！

自古以来，名头最响、爬得最快、官位最高，但是却藏得最深的孝廉，您猜是谁？

曹操！

对，您没看错，我更没说错，那位名头最响、升迁最快、官职最高，但是却藏得最深的史上最牛孝廉，正是曹操，三国时期最具传奇性和争议性的枭雄曹操！

有人说，曹操奸邪狡诈，是个不折不扣的奸雄；有人说，曹操骁勇强悍，是个毫无争议的枭雄；也有人说，曹操文韬武略，是个难得一见的英雄；然而，很多人都忽略了一点，那就是曹操在历史舞台的首秀，是以孝廉的身份粉墨登场的。

熹平三年（公元174年），二十岁的曹操被举为孝廉，入京都洛阳为郎。不久，被任命为洛阳北部尉。或许，这时候的孝廉制度，水分已经很大，甚至曹操被举为孝廉，跟他是不是孝子，压根没有半毛钱的关系。但是，曹操的孝廉身份，却是毫无争议的史实。

后来的曹操，虽然生前一直以丞相的身份自居，但是他死后被追封为了魏武帝。一个孝廉出身的人，能混到这份儿上，你说历史上名头最响、升迁最快、官职最高、藏得最深的最牛孝廉，不是曹操，还能是谁？

只可惜，曹操虽然荣膺了"史上最牛孝廉"的称号，但是由于他生前的所作所为，与孝廉的行为规范，出入太大，再加上他的诸多"豪言壮语"，譬如"宁教我负天下人，不教天下人负我"，再如"但使天下无有孤，不知几人称帝，几人称王"等等，以至于后人对他的评价，都带有一定的贬低色彩。

好了，介绍了这么多孝廉的知识，目的不是为了科普，而是为了说明一点，那就是"孝"这个品德，自古以来都有一股说不清、道不明的魔力。

有些人，哪怕无才无能，但是只要沾上了"孝"字，那他就能够流芳百世；而有些人，哪怕他才华横溢、功勋卓著，但是只要背上了不孝的骂名，那他就铁定要遗臭万年！

而接下来要介绍的王氏家族的两位老祖宗，就是属于那种流芳百世的大孝子！

2. 二十四孝悌

说到孝子，就不得不提一下古代最权威的"孝子排行榜"——《二十四孝》。该书搜集了二十四个最具代表性的孝道故事，其中"卧冰求鲤"的主角，就是王阳明的老祖宗王祥。

王祥是一个苦命的孩子，年幼丧母，后妈朱氏对他又非常不好，打骂是常有的事儿，还时不时在他父亲面前说他坏话，最后连他父亲也疏远了他。

王祥的父亲病逝以后，后妈对他的虐待更是变本加厉，有一次，甚至对他起了杀心，竟然弄了一碗"毒酒"，哄着、骗着甚至逼着王祥喝下去。王祥也是太孝顺了，本着"母要子死，子不得不死"的心思，竟然明知酒有毒也不拒绝。

好在王祥还有一个心地善良的弟弟，名叫王览，是朱氏的亲生儿子，与王祥算是同父异母的兄弟。王览知道酒里有毒，于是急忙把毒酒抢走。朱氏当时就急了，赶紧把毒酒收了回来，王祥也因此逃过一劫。

后来，但凡朱氏给王祥吃的东西，王览都要凑过去先尝尝味道，朱氏怕把自己的宝贝儿子毒死，从此再不敢下毒。这个故事就是后来被广为传颂的"王览争鸩"。

可以说，王祥的童年就是一场悲剧，亲爹不疼、后娘不爱，伤心的时候连唱"世上只有妈妈好"的资格都没有。不过，王祥本性纯善，后妈虽然对他不慈，但是他对后妈却没有不孝。

长辈们年老病多，他便煎药侍奉，忙前忙后，后妈要求过分，大冬天嚷着要吃鱼，他也二话不说，一个人跑到结冰的河面上，衣服一脱，光着膀子凿冰钓鱼。或许是他的孝心感动了上天，两条鲤鱼突然从河里蹦了出来。王祥大喜，抱着鲤鱼就往家里跑。

王祥"卧冰求鲤"的故事，后来被收录在《二十四孝》中，而"王览争鸩"的故事，则被收录在《二十四悌》里，兄弟两人、孝悌流芳，古往今来，也不知道影响了多少人。

三、千古书圣：兰亭集序、洛神赋书——千古书圣天下传

1. 兰亭集序

大江东去，浪淘尽，千古风流人物；三国争霸，到最终，徒留

下山河破碎；魏晋风流，也总有狼烟兜头。

都说数风流人物，还看魏晋，但是，又有多少人记得，魏晋时期的天下局势，怎一个乱字了得。从魏到隋，三百六十余年，多少王朝由兴到亡，多少家族由盛转衰。

琅琊王氏，一个传奇的家族，发迹于七雄争霸的秦初，鼎盛于战乱频发的魏晋，衰弱于风雨飘摇的南朝。八王之乱，它只是无碍大局的旁观者；永嘉之乱，它只是衣冠南渡的逃难者；到了东晋，它已成为"王与马、共天下"的东晋贵族。

当然了，永嘉之乱后，琅琊王氏从世代居住的琅琊，搬到了后来的六朝古都金陵，居住在乌衣巷。所以，严格意义上来说，东晋之后的王氏，已经不是琅琊王氏，而应该叫做"乌衣大房"。

琅琊王氏，或者说后来的乌衣大房，从来不缺少历史名人，但说到知名度最高的王家子孙，缔造东晋的王导、竹林七贤之一的王戎，恐怕都远远比不上"父子皆书圣"的王羲之和王献之。

东晋多名士、散逸自风流，王羲之作为当时的名士领袖之一，与潇洒哥谢安、名僧支道林等人都关系匪浅，彼此多有往来，常有故事流传，而其中，最负盛名的，恐怕要属《兰亭集序》横空出世的那次三月三集会了。

永和九年、岁在癸丑，诸名士齐聚会稽山阴之兰亭，曲水流觞、畅叙幽情。其时天朗气清、惠风和畅，王羲之酒醉微醺、挥毫着墨；支道林闭目静坐、且听风吟；而谢安，则举杯吟诗、闲看泉池。

众名士逍遥自在、放浪形骸，天下大势、暂释胸怀，争相把酒言欢，哪管飞短流长，唯有王献之年幼，赋诗不成、自罚三杯，引为座上笑谈。（那时他才七岁，纯粹是去打酱油的。）

一时之集会，聚名士十数余人、成佳作三十七篇，更有天下第一行书横空出世，从此，魏晋风流，三分都在兰亭之间。

可惜到如今，《兰亭集序》徒留下千古第一行书的美名以及无数的临摹版本，真正的《兰亭》真迹下落何处，却无人得知。现在的我们，也只能从阎立本的名画《萧翼赚兰亭图》里，对《兰亭集序》的下落揣度一二。

《兰亭集序》问世后，连王羲之本人都十分满意，至于"乌衣大房"王家，更是将其视为家传至宝，代代相传。然而，王羲之的七世孙却一时想不开，出家当了和尚，最后还在临终前，将《兰亭集序》交托给了他的徒弟——辩才和尚。

辩才和尚倒也颇有气节，即便是唐太宗花重金跟他买《兰亭集序》，他也楞是没答应。唐太宗拿他没辙，既然明的不行，那就来暗的，一不做二不休，干脆派人去偷。

于是，历史上涉案宝物最贵重的偷盗行为，就在唐太宗的指示下发生了。从此以后，《兰亭集序》成了唐太宗的私人宝物，并在他驾崩后作为陪葬物葬入昭陵。

但是，五代十国期间，一个叫温韬的人在昭陵上演了一出"鬼吹灯"，并将搜罗到的唐太宗陪葬物编成了一本《盗墓笔记》。可是，《盗墓笔记》的清单上，却没有《兰亭集序》。

此后，人们纷纷猜测，真正的《兰亭集序》，恐怕是在唐太宗的儿子和儿媳的合葬陵墓里。说得明白点，说不定历史上唯一的女皇帝武则天的脑袋下面，就枕着价值连城的《兰亭集序》真迹。

这个猜想出人意料，但也在情理之中，但是真相如何，谁又能说得清呢？

2. 洛神赋书

王家英才辈出，王羲之刚被封为"书圣"，他儿子王献之马上就拍马赶上，成为书法界的一代"小书圣"。

毫无疑问，用"富N代"、"官N代"来形容王献之，根本就是对他的侮辱。像他这样才华横溢、风流倜傥、家世显赫的人，根本就是东晋时期最典型的"高富帅"嘛！

只可惜，天妒英才，王献之的家世、才华、长相乃至人品，都让人羡慕嫉妒恨，但是他的婚姻生活，却是潦倒悲惨剧！

王献之一生娶过两任妻子，原配名叫郗道茂，与王献之青梅竹马、两小无猜。二人成亲后，婚姻生活也算圆满，不久后更生下了一个宝贝女儿。这原本是一件喜事，但是却成了王献之悲惨婚姻的开始，因为他们的女儿出生后不久，便夭折了。

王献之痛失爱女，本就受了打击，偏偏这时候，一直仰慕他的新安公主，竟然央求他哥哥，也就是晋孝武帝降旨，让王献之休妻，迎娶自己。

圣旨一出，王献之虽然千百个不愿意，甚至用艾草烧伤自己的脚，想通过自残的方式拒绝这桩政治婚姻。但是，这桩婚姻牵扯太大，为了不牵连家族，王献之只能含泪休妻。后来，王献之和新安公主虽然也生了一个女儿，但是，这丝毫不能弥补王献之对郗道茂的愧疚和思念之心。

另外插一句，王献之的女儿，名叫王神爱，后来嫁给了晋安帝，成为了一代皇后。只不过，她这个皇后，当得却着实憋屈，因为他的丈夫晋安帝，是历史上有名的痴呆皇帝，整天都像一个木头人一样，受人摆布，是个再标准不过的傀儡皇帝。

可以说，他们父女俩的婚姻生活，悲剧性近乎一致，都是地位尊崇，但却郁郁寡欢。唯一不同的，就是王神爱只能像一只金丝雀一般，困在皇宫大内的高墙里，而王献之至少还有书法可以寄托感情。

或许，正是因为婚姻的悲惨，才导致王献之在书法境界上独树一帜。他的书法成就或许不能超越他父亲，但是他自创的"一笔书"，却独辟蹊径，隐隐然有与王羲之的行书分庭抗礼的态势。

特别是他运用"一笔书"写出来的《中秋帖》，后来更是与王羲之的《快雪时晴帖》、王洵的《伯远帖》一起，成为了乾隆皇帝最珍爱的三幅书贴之一，被后世誉为"三希帖"。而他用小楷写的《洛神赋十三行》，更是为曹植的千古美文《洛神赋》染上了一层缥缈的书墨意境。

贰　王家有子初长成——传奇的成长历程

　　历史就像是一位游荡在迷雾中的老人，踏着步履蹒跚的脚步，走在岁月的道路上。每一本史书都以为能追上他的步伐，可是每每在临近的时候，历史老人却倏忽一声，消失不见，只留下似是而非的虚影。

　　被誉为"史学双璧"之一的《史记》，尚且像一位犹抱琵琶半遮面的女子，用它那跌宕唯美的文字，掩盖了在史实与虚幻中摇摆的史实，至于其他的官方史书，更是只能在似是而非的故事中行文走句，引得后人捉摸不透。

　　或许，这就是历史的神秘之处吧！

　　而王氏家族的历史，岁月的跨度那么大，经历的朝代那么多，涉及的人物那么多，后人想要还原它的真相，实在是不容易。因此，虽然后人坚持不懈地对王阳明所在的家族"刨根问祖"，但是直到现在，王阳明到底是王家哪一族系的子孙，学界都还无法给出非常确切的答案。甚至，王阳明究竟是不是王羲之的嫡传子孙，都还留有疑问。

不过，关于王阳明，至少有一点是非常肯定的，那就是他的列祖列宗，牛人辈出。不管是秦汉的王翦、王贲、王离，还是西晋的王戎、王祥、王览，亦或是东晋的王导、王羲之、王献之，一个个都不是籍籍无名的历史过客。

虽然南朝以后，王氏家族渐渐没落，但是，瘦死的骆驼比马大，王家在唐朝还是先后出了四位宰相。而到了明朝，王家更是重焕光芒，出了王阳明这位叫板朱熹、直追孔孟的圣人！

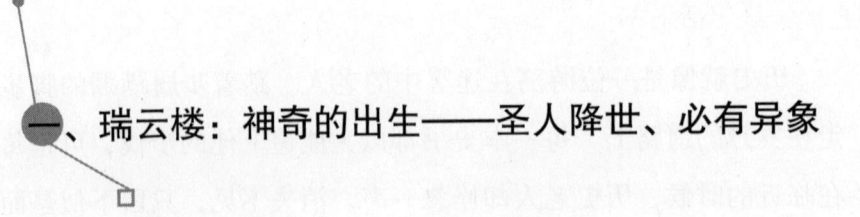

一、瑞云楼：神奇的出生——圣人降世、必有异象

1. 祖上积德

谁说中国人没有信仰？

中国人的信仰，一般的外国人不懂！

笃信祖宗，就是最具代表性的国人信仰之一。在过去，但凡哪家人出了个状元、宰相或者大将军，左邻右舍的同乡都会感慨万分地说：哎呀，真是祖上积了德，祖坟冒青烟。这种忽略主观能动性、夸大因果报应论的认识，虽然有点不科学，但却是中国人最天真的信仰。

这种"天真无邪",你有我有大家有,哪怕是放在明朝圣人王阳明的身上,也毫不突兀。

撇开王翦、王祥、王羲之等老祖宗不说,仅仅是王阳明的明朝祖宗,其中也不乏一群不慕荣华、行善积德的牛人祖宗。

比如朱元璋打江山那会儿,王阳明的六世祖王纲,就是一个能让"大明第一神人"刘伯温刮目相看的牛人。当时恰逢元末明初,新旧王朝更迭,天下战乱不断,不少山间乡里的能人异士都纷纷出世,各寻明主,各展才华,卯足了劲想闯出一片新天地。

不过,王纲这人很有自知之明和远见之识,他知道乱世多祸事,而自己虽然颇有文武之才,但是,不是所有雄才大略的大人物都有一双发现金子的眼睛,所以,自己这点本事,指不定大人物都看不上呢。再说了,在金戈铁马、横冲直撞的战场,别说建功立业,就是想活下来,都是三分靠打拼,七分天注定,武功再高,也架不住突如其来的一刀啊!

乱世先避祸,活下来才是王道。王纲知道,建功立业、封侯拜将这么远大而艰巨的历史使命,不适合自己,我还是哪儿凉快哪儿待着去。于是,他来到终南山,拜入终南隐士赵缘督门下,一心一意学习卜筮之法,白天没事就掐指一算,晚上没事就夜观天象,生活自由自在。

后来跟随朱元璋打天下的刘伯温估计碰巧路过终南山,又碰巧遇见王纲,更碰巧发现王纲仙风道骨、气质不凡,于是邀他下山打天下。

王纲这人也聪明,一眼就看出刘伯温是来搞传销的,不管刘伯温怎么威逼利诱,他自岿然不动,并且还言之凿凿地说:"大兄弟啊,我性本在丘壑,俗世的荣华富贵对我来说,神马都是浮云。而你呢，从我第一眼见到你，就知道你将来会成就一番大事业，你胸怀天下、志存高远，尽管放手去搏吧，我精神上百分之一百地支持你。日后你若飞黄腾达，也千万别来烦我，我不想再被尘缘俗世拖累了，谢谢！"

刘伯温一看这情形，也没再勉强王纲，只是心里一直没忘记王纲这号牛人。后来，刘伯温高居相位，偶然想起终南山上的王纲，于是又旧事重提，硬是把七十岁的王纲请到了朝廷，当了个不大不小的官（兵部郎中）。

亏得王纲在终南山上修炼了几十年的养生术，七十岁的时候还精神矍铄，没脱牙，也没掉发（齿发精神如少壮），不然的话，一般人七十岁的时候，哪里还能经得起这样的折腾啊。话说当时朱元璋见到王纲这个"活神仙"的时候，也是欷歔感慨了好一阵子，感叹说："高手在民间，此言不虚，我大明朝真是牛人辈出啊！"

当然了，养生不能长生，王纲同学虽然精通养生术，但终究不能长生不死啊！就在王纲下山后不久，他就被派往广东，负责征收苗役。可怜王老爷子七十岁高龄，因为经受不起沿途颠簸，也可能是因为水土不服，没多久就客死途中。

当时，王纲的儿子王彦达就在王纲身边，眼看着老爷子驾鹤西去，王彦达心里那叫一个悲愤交加啊。老爷子一生淡泊名利、不慕荣华，在终南山上与闲云野鹤为伴，生活好不逍遥。可是，自从老爷子被迫入朝为官以后，我们全家人的幸福指数都直线下降。这次倒好，老爷子一把年纪了，居然还被派去出差，落了个客死他乡的惨境，朝廷这事儿做得也实在是太不厚道了。

想到这里，王彦达一气之下，料理完老爷子的后事之后就离开朝廷，找了处山好水好的地方隐居起来，终日读书自娱、躬耕养母，终生未再涉足仕途。不仅他自己不去当官，临终前，他还留下遗言，希望儿子乃至孙子都别去趟朝廷的浑水。

就这样，王家自从王彦达之后，三代人都过着半隐居的生活，以耕读为乐。这样的"隐儒"风范，颇有魏晋遗风，长久下来，倒真是为家族积累下了一股厚重的文化底蕴。这样的文化底蕴，绝非暴发户一样的乡绅家族或腐败无能的权贵世家能够具备的。而这些，也为后世子孙的培养，起到了潜移默化的作用。

2. 神人送子

史学家大多承认一个事实，那就是历史来源于古老的神话传说，因此，后世史书时不时地宣扬一些神话传奇，便也无可厚非了。

于是，我们经常能在严肃的官方史书上，看到一些非常不严肃的记载，比如某位皇后梦见神龙送子，于是生下了某位真龙天子；或者某位皇子出生的时候天降祥瑞，于是龙颜大悦，钦定他为皇帝接班人。这些听起来像是仙侠小说的情节，几乎所有史书上都有。

而《明史》中关于王阳明的官方记载，开篇也是类似的记载。

封建迷信不能有，因为神神叨叨没人信。现在，连三岁小孩都知道自己不是从石头里蹦出来的，而是母亲怀胎十月生下来的，可是，《明史》却偏要说王阳明的母亲怀了他十四个月才分娩（明宪宗成化八年九月三十日，公元1472年10月31日，生于浙江余姚）。

而且，《明史》为了反复论证自己的错误观点，竟然还说王阳明出生的时候，他奶奶梦见腾云驾雾的神仙，在云端将王阳明送入王家。你说人家王阳明出生，他奶奶做什么梦啊，那时候她老人家眼巴巴想着抱孙子，还能睡得着吗？

好吧，或许王阳明的奶奶，确实碰巧在那个时候睡着了，又碰巧在那个时候做了一个那样的梦，于是口口相传，编修明史的大儒们不得不尊重历史，秉笔直书。也可能《明史》只是运用夸张的想象，烘托王阳明的与众不同，没办法，谁让古代的牛人出生，一个比一个排场大、气势足呢！

可是，王阳明的爷爷王伦（字天叙，号竹轩），号称诗书礼乐、样样都懂的读书人，怎么能跟妇道人家一般见识呢？他奶奶说有神仙在云端送子，他怎么就信以为真，而且还特地为王阳明安了一个既不高雅、又不好听的名字——王云。

3. 可惜道破

王阳明可被这个名字给害惨了，因为王云这个名字，读起来很像"无语"，于是王阳明一直"无语"到五岁，不管他爷爷、奶奶、爸爸、妈妈怎么教他、逗他，他楞是一声不吭、二话不说，卯足了劲将"无语"进行到底。这可真把王家的长辈急得"无语泪先流"了！

直到有一天，一位得道高僧碰巧路过王家，一眼便看到"天生异相"的王阳明，屁颠屁颠地跟着一群孩子在追逐打闹。其他的孩子都是大口说话、大口玩笑，只有王阳明在那里一句话都不说，光顾着傻笑了。

估计这位得道高僧平时除了打坐念经以外，还经常利用业务时间学习算命看相，因此一眼就看出了王阳明与众不同，是个百年难得一见的奇才。于是，得道高僧走到王阳明面前，露出一副高深莫测的模样，说了一番暗藏玄机的话，然后转身就走，不带走一片云彩，只留下一堆疑问。

当然，他说的肯定不是"贫僧看你根骨奇佳，天生是个修佛参禅的料，不如就跟着贫僧一心向佛吧"这种狗血的对白，纯粹就是拐卖儿童的人贩子的口头禅，而且还是过时的。

事实上，得道高僧说的话，比这简单多了，也高明多了，他说："好个孩儿，可惜道破。"

他这话是什么意思呢？扩展开来说，意思就是：哎呦，小子，不错哟，可惜道破了！

道破了什么？道破天机，还是道破心机，和尚你倒是说清楚啊，五岁的王阳明道破了什么？你说你这和尚，要么你就啥也别说，要说你就说清楚嘛，打什么哑谜、玩什么神秘嘛！

亏得王阳明当时才五岁，而且还不会说话，不然恐怕连王阳明自己都会忍不住，拉住那和尚追问，打破沙锅问到底！

说来也巧，和尚说话的时候，王阳明的爷爷王伦恰好出来，正巧听到了和尚的话。你还别说，这读书还真有用，至少咬文嚼字的本事学到了。

王伦听完和尚的话，愣在原地琢磨了半晌，突然一拍额头，大嚷道："哎呀，老朽明白了，老朽当年怎么就没想到呢，真是老糊涂了，老糊涂了！"

原来，王云这个名字，不仅听起来像"无语"，而且意思也像"无语"。因为在古代，"王"这个字，读起来和亡、忘、妄都很像。而"云"，则有一层意思是曰、说、道，比如古人云，意思就是古人曰、古人说、古人道。

王云这个名字，读起来就是亡云、忘云或者妄云，而意思就是忘记说话、乱说话，用现在的话说，就是"无语"。那个得道高僧说王阳明"可惜道破"，不是说他道破天机，而是说王云这个名字，导致王阳明到了五岁还不会说话。

王伦理解这层意思以后，急忙把全家人召集起来，要正式为王

贰　王家有子初长成——传奇的成长历程

阳明改名字。

其他人听了一头雾水，王云这名字都叫五年了，怎么说改就改，之前一点风声都没听到。改名字这么大的事，怎么还带保密的啊！

王伦懒得废话，丢出一句："自个琢磨去。"

从此以后，王云改名为了王守仁，虽然名字依旧不够高雅，但是好歹有了些美好的寓意，而且也不像王云这个名字一样带着诅咒。

什么叫"语不惊人死不休"，王阳明用实际行动告诉你，牛人，就是随便说句话，都能轻轻松松秒杀全场，让所有人大吃一惊。

话说王云改名为王守仁以后，没过多久，他居然真的会说话了，而且说的还不是普通话，而是文言文。什么之乎者也，他都说得有模有样，什么经典最喜欢，四书五经都擅长。至于"有朋自远方来，不亦乐乎"这样的名言名句，他简直就是随口说来，还不带重样的。

王阳明这一开口，顿时萌翻了全家人，大家都追问他怎么学会背的。五岁多的王阳明非常诚实，奶声奶气地回道："爷爷读书的时候，我早就默记在心里了，一眨眼这都五年了，早就滚瓜烂熟了。以前我是无语，现在不无语了，就朗诵出来咯！"

从此，全家人看王阳明都像是在看神仙，哦不是，是神童！

二、金山寺：传奇的诗篇——不鸣则已、一鸣惊人

1. 状元及第

按照遗传学的观点来看，王阳明之所以从小就天资聪颖、智商过人，原因就在于他的遗传基因非常优秀。而这种遗传，有他那些牛叉祖宗的功劳，但是并不大，毕竟王羲之那伙人跟他都隔了好几十代人呢！

事实上，遗传功劳最大的，首先是他的老爸，其次就是他老爸的老爸。

他老爸的老爸，就是前面说的王伦，从他破解和尚哑谜的故事来看，他咬文嚼字的本事确实不错，至少也算个饱读诗书的读书人。根据记载来看，王伦这人爱好广泛，诗书礼乐，样样都懂，是否精通就不好说了。

据说，王伦天性淡泊、不慕荣华，住的地方种满了古代隐士都钟爱的竹子，有事没事就会像苏东坡、郑板桥那样吟吟诗、作作画，通过吟竹、画竹来表达他的隐士之志。另外，他还志向高雅，非常喜欢弹琴，每逢天朗气清、月明风静的时候，他就会在清风中、竹林间焚香操琴，小日子过得有滋有味。

毫无疑问，王伦的儿子王华、孙子王阳明在这种诗书礼乐的熏

陶下，对于提升艺术素养、文学修养乃至精神境界肯定都是大有裨益的。这也就难怪，王伦的儿子和孙子，一个能高中状元，一个能成为圣人。

由此可见，家庭教育真的是太重要了！

说到王阳明的父亲王华高中状元，这里就顺便提一下，王华那一届的榜眼名叫黄珣，跟王华是老乡，都是浙江余姚人。

两个余姚人独揽金榜前两名，不得不说，他们俩还真是给余姚长脸。只不过，他们二人的仕途都有点背，一起得罪了大太监刘瑾，被贬到南京，也都先后当了南京吏部尚书，导致王阳明也多少受了牵连。当然，这是后话，这里先埋个小伏笔。

2. 金山赋诗

古代考状元，可比现在考清华北大，或者考公务员进中央部委要难多了，因此，含金量也高多了。在过去，谁家出了个状元郎，那肯定是个轰动性的大新闻，十里八乡的人都要跑过来道贺，顺便瞻仰一下状元郎的绝世风采，看看文曲星转世的人到底有啥不同。

成化十七年（1481年），王华高中状元，也算扬眉吐气了一番，王家也算恢复了一些琅琊王氏、乌衣大房的风采。

常言道：朝廷有人好办事，王华作为金科状元，理所当然地留京任职，做了翰林院编修。官职虽然不高，但是好歹是个京官，而且办公地点在皇宫大内，前途可谓一片光明。为此，王华在第二年就把自己的老父亲接到了北京城，也好让老人家享享清福。

王阳明作为王家的小公子，自然而然要跟着爷爷北上进京，见识一下世面，顺便充分利用一下京城的教育资源，那时候，王阳明年仅十一岁，正是孩童最调皮的年纪。

当时祖孙二人远赴京城，途中路过金山寺，巧逢熟人，遂相约把酒言欢。

大家都知道，古人但凡有点才学，都喜欢把酒言欢，酒桌上除了谈天说地以外，还喜欢吟诗作对，既能表现一下自己的才华，又能附庸风雅。当时的王伦，身为金科状元的老爹，自然也被客人要求赋诗一首。

而王伦不知道是不是喝高了，还是太久没吟诗，一下子找不到感觉，因此，他沉吟了半天，楞没憋出一句像样的诗。可怜王伦老爷子，手把手教育出了金科状元，可是自己却连一首应景的诗都作不出来，当时的他，肯定又囧又糗，老脸都没处搁了。

正当王伦恨不得装醉忽悠过去的时候，年仅十一岁的王阳明，突然轻轻咳嗽了一声，然后，语不惊人死不休："我爷爷是金嗓子，轻易不出声，还是让我代我爷爷赋诗一首吧。"

说完，也没见王阳明苦思冥想，随意动了动嘴皮子，就蹦出了一首流传至今的代表作：

金山一点大如拳，打破维扬水底天。醉倚妙高台山月，玉箫吹彻洞龙眠。

哎呀，好一句"醉倚妙高台山月，玉箫吹彻洞龙眠"，虽然这一句诗难比李杜，但是作为一般酒宴的应景诗，这一句情景交融、气势十足的诗，既有逍遥洒脱的意境，又有高远宏达的气象，已然是超水平之作了。这样一句诗，就算是从王伦口中蹦出来，都能让在场客人拍手叫好，更何况是小小年纪的王阳明！

乖乖隆地咚，这小子是不是李白附体了，平时调皮得跟个猴儿一样，现在怎么突然蹦出这么一句吓死人不偿命的诗，这他妈的是谁教的啊！

于是，在场的客人齐齐傻眼，就连一把屎一把尿把王阳明拉扯大的王伦，都瞬间石化！顿时，四周鸦雀无声，场面一下子像是静止了一般，所有人的眼睛都一眨不眨的，盯着表面上镇定自若，其实心里也是波澜不惊的王阳明猛看。那个时候，恐怕很多客人都在心里呐喊："苍天啊，大地啊，这还让不让人活啊，来个晴天霹雳雷倒我吧，我真是没脸活下去了啊！"

过了很久，不知道是哪位心理素质过硬的客人首先回过神来，尴尬地咳嗽了一声，弱弱地说道："好诗，真真是好诗，不愧是状元郎的小公子，才华堪比乃父。"

"是啊，是啊，此诗颇妙，大有乃父风采，为了此诗，当浮一大白！"也不知道是谁应和了一声，接下来，便是此起彼伏的赞叹声、感叹声和惊叹声！

过了一会儿，所有客人都回过了神，也找到了自我安慰的理由："丫的，这诗该不会是状元郎平日写的吧，这小子只不过现场背了出来而已。对，没错，肯定是这样的。"

想到这里，有个胆大的客人按捺不住内心的不平衡，开口道："这位小朋友真乃神童，怕是初唐四杰之冠的王勃，当年也不过如此。我等有幸能听此诗，现在依旧回味无穷，只是颇觉意犹未尽，可否请小神童再赋诗一首？"

这样的请求，不过分，一点都不过分，而且还满足了在场很多人的好奇心，因此大伙儿纷纷出声附和。而王伦老爷子，自然明白他们的小心思，急忙帮王阳明推让，道："哎呀，小孩子不懂事，胡言乱语而已，让诸位见笑了，来来来，喝酒，小孩子就让他到一边玩去。"

王伦当然是怕王阳明突然脑子不灵光，把刚刚好不容易挣回来的面子又丢了出去。可是，奈何客人们盛情难却，而小小年纪的王阳明，也根本不明白大人们的心思。

于是，天真无邪的王阳明再次开口吟诗，其不假思索，一如之前，其惊世骇俗，也一如之前：

山近月远觉月小，便道此山大于月；若有人眼大如天，还见山小月更阔。

这首诗的意境，自然是不如之前那一首。事实上，这首诗明显有点打油诗的味道，只不过，前面那首诗，单纯写景，胜在气势不凡、词韵优美。而这首诗呢，乍一看，只是一首非常普通的打油诗，但是，你若仔细推敲，却会猛然发现，这首看似平平无奇的打油诗，竟然暗含深奥的辩证思维。

可以这么说，王阳明前面的那首诗，就是一首平常的写景美文，而后面这首，却是一首逻辑严密、思维清晰的辩证论文。两者一比，高下立判。

当然了，当时马克思还没有出生，明朝人也不懂辩证法，因此在场的客人，没有发出夸张的惊叹声。但是，在场客人，肚子里好歹有一些墨水，诗中山高月小的对比，虽然看似不合逻辑，但是细细想来，却真有那么一点意思。这种意思，在当时叫做"玄"。

在古代，最受古人推崇的书籍文章，无外乎四书五经，而五经之首的《易经》，便是世所公认的"玄妙之学"。而另一部影响力巨大的《道德经》，更是开篇明言："玄之又玄、众妙之门。"由此可见，玄之一字，在古人的心中，实在是一门最深奥复杂的大学问。

王阳明后面作的那首《蔽月山房》，给在场客人最大的感觉就是"玄"，因此，当他们听完那首诗后，反而不如之前那般惊声叫好，而是齐刷刷愣在原地，细细咀嚼琢磨，不知不觉地陷入沉思之中。

3. 父子辩论

大人的世界很精彩，但也有很多无奈，而孩童的世界，反倒是最纯真自由的。

父母总是喜欢用自己饱经沧桑的眼光和认识，去教导孩子哪个该做，哪个不该做。虽然这是父母对孩子的期许和爱护，但是，他们却忽视了一点，他们与孩子，压根不是一个"世界"的人，而且小孩的心思千奇百怪，大人们最好别猜，猜来猜去都猜不明白！

王阳明作为明朝一大牛人、古今一代圣人，他小时候的心思，那就更加与众不同了。

话说王阳明在金山寺的酒宴上语出惊人，前后两首诗博得无数好评，甚至他那饱读诗书的爷爷王伦，都被他雷得里内外焦，连连惊呼："我老王家不得了，前阵子才刚出了个状元，现在又蹦出个神童，好家伙，这让我这脆弱的小心肝都快蹦出来了！"

感慨之余，王伦来到京师后，当然要把状元儿子王华叫到身边，开了一个小型的家庭内部会议，重点讨论对王阳明的教育问题！

正所谓：百善孝为先，古人最讲究孝道，儿子在外面不管成就多高、名气多大，回到家还是得侍奉老爷子，时不时跟他唠嗑、动不动听他教诲，要是胆敢顶嘴忤逆，那可就是大不孝了，外人口诛笔伐，唾沫星子都能淹死你！

王华不仅是金科状元，而且还是尊师重孝的高素质文化精英，对王老爷子也算言听计从，因此一上来就乖乖地问道："老爷子，您有什么吩咐孩儿的？"

王伦直截了当地说："也没什么，就是在来京的路上，我那宝贝孙子语出惊人，在金山寺的酒宴上赋诗两首，博得阵阵好评，人人齐夸神童。他底子不错，悟性又那么好，绝对是块读书考状元的料儿，而且说不定有朝一日可以青出于蓝。依我看，他这教育问题，咱们得提上日程，赶紧办了！"

金山寺那出好戏，王华其实也有耳闻，听人说时，嘴上说"犬子徒惹人见笑"之类的客套话，可心里却乐开了花：那是，你也不看看那小子是谁的种，虎父无犬子，我好歹是金科状元，生出来的崽儿，怎么着也有我一两成的功力吧！

但是老爷子说什么"青出于蓝"之类的话，那也忒打击人了吧，怎么说你儿子我都已经是状元了，而那小子，现在都不知道在跟哪里玩过家家呢。更何况，知子莫若父，那小子性子野，哪里是能安心读书的料啊！

他刚到京城，我就把他送去了京师最好的私塾，这才没几天呢，私塾老师就跟我反映了好几次，说那小子不仅自己翘课，还唆使同学一起翘，组团出去玩"大兵小将"。

本来王华想私底下教训一下王阳明，搞个家法伺候之类的，不想惊动老爷子，现在老爷子既然主动问起来，那我这当儿子的，只好如实上报了。

王伦听了此事，倒也不着急，回应道："他才12岁嘛，贪玩很正常，只要教育得当，定是前程无忧。想当年你12岁的时候，可一点都不比他老实啊，后来还不是被老头子我教育成了状元郎！"

王华听后顿时满颜布汗，再不敢跟老爷子理论，况且王伦老爷子也没说错，孩子的教育问题，关系未来，刻不容缓。因此，王华也不拖拉，答应道："父亲说得极是，此事我即刻去办，定会好好教育他，您先休息，回头我再与您细说！"

说完这话，王华就跑去私塾找老师进一步了解情况，顺便把王阳明拎出来耳提面命、悉心教导一番！

不巧的是，王阳明这个时候却翘了课，跑出去跟一群调皮捣蛋的小孩，玩起了"大兵小将"的游戏。王阳明虽然贪玩，但却很聪明，而且又是状元郎的公子，因此自然而然成了"孩子王"，大家一起玩的时候，孩子们都把他当老大。

因此，王阳明自然而然被推举为"大将军"，站在中间调度三军，而其他孩子则分别拿着自制的"令旗"，根据王阳明的指挥，左转转、右跳跳、前前后后跑一跑，俨然有几分军队列阵的样子。

可是，就在王阳明玩得正起劲的时候，耳边却传来一声冷哼，他回头一看，顿时发现老爸王华黑着脸站在自己身后。

王华真是恨铁不成钢，恨得牙痒痒啊，老子托关系把你送进京城的贵族学校，你倒好，成天翘课不读书，净玩这些乱七八糟的游戏。

一想到这，王华就抑制不住怒气，冷声呵斥道："你小子不好好上课，跑到这里在干嘛！我们家可是书香门第、大儒世家，你爹、你爷、你太爷爷，哪个不是饱读诗书、博学多才，而你呢，课不好好上，书不好好读，将来能有什么出息！"

王阳明本来还想幽默地调侃一下老爸，来上那么一句"老爸，您公务繁忙，怎么也有空这里玩游戏啊！"之类的话，谁知道王华一上来就搬出这么一堆大道理来说教，王阳明心里叫冤，干脆反问了一句："老爸，你成天教育我好好读书，天天学习，可是我至今没想明白，读那么多书有什么用啊？"

王华回答道："读书可以考功名，有了功名就可以当公务员，当公务员可以拿官饷、吃皇粮、领养老金，多少人羡慕嫉妒恨呐！你看老爹我，过五关、斩六将，考上金科状元，从此前程无忧，这都是因为我从小用功读书！"

王阳明不以为然，反问道："老爸，你看你从小就宅在家里读书学习，考了解元考会元，考了会元考状元，考完状元就等着当官员，当了官员以后，你又让你儿子我重头再来一遍，这多没意思啊！如果你考上了状元，那你儿子、你孙子、你重孙子都是状元，那这状元考得才值了，你说这样可能不？"

王华一听这话，情不自禁地笑了，道："你小子想得倒美，你老子我考这状元，费了九牛二虎之力，你倒好，还想捡现成的啊，门都没有！你要是也想中状元，那你就给我老实点，乖乖去用功读书！"

王阳明"切"了一声，道："你当我傻啊，这种状元又不能一代一代传下去，价值不大，我才不稀罕呢！"

话音未落，王华的笑脸顿时拉了下来，接下来，自然是一顿噼里啪啦的说教，中间夹杂着三两下恨铁不成钢的责打。

4. 立志成圣

王阳明不仅继承了王华的聪明和机敏，而且还具备王华自叹不如的伶牙俐齿，于是，即便是状元郎王华，也没能在"父子辩论"的较量中占得上风。

不过王华好歹是读书人，也不会蛮不讲理，况且王阳明终究是他的宝贝儿子，随便打骂一番、吓唬一下就够了，不至于真对王阳明失去信心。王华毕竟是过来人，十二三岁的孩子，有点叛逆再正常不过了，这个阶段，我这当爹的对他的教育和劝诫已经不太管用了，因此，还是托外人帮忙教导一番吧。

那么托谁教导王阳明呢？当然是私塾里面德高望重的老师咯，因为再讨厌读书的学生，对白胡子老师都还是存有一份敬畏的。

于是，私塾的某位老师，在状元郎的拜托下，毅然决然地找到王阳明，展开了一场极具教育性和叛逆性的传奇谈话。（画外音：这是一次载入史册的谈话，更是一次影响深远的谈话。这一次谈话，简单却又深奥，单纯却又睿智，一谈，就是上千年！）

王阳明："哎，老师，您找我啊，刚好我也有事想请教您，您说人活着到底是为什么呢？或者说，人生的头等大事，到底是什么呢？"

老师捋了捋胡须，笑而不语，摆足了pose，许久之后才意味深长地回答道："当然是用功读书、考取功名！"

王阳明"切"了一声，心里吐槽道："就知道你是来给我老爸当说客的！"

"老师啊，学生觉得……"王阳明也不点破，只是单纯地说出了自己的见解，"读书是人生大事，考取功名也是人生大事，但是却都不是头等大事，我认为，人生的头等大事，应该是读书成圣贤！"

读书成圣贤！

五个字，犹如暮鼓晨钟一般，响彻在历史的天空！

同样是这五个字，响彻在私塾老师的耳中，却变成了另外一种味道："苍天啊，大地啊，这小子到底是何方神圣啊，小小年纪居然就有如此远大却不切实际的幻想！"

你当你谁啊，文曲星转世，还是孔夫子附体？你小子知道圣贤是什么样的吗？你小子知道连孟子都只是亚圣吗？你小子知道古往今来被大家承认的圣贤有几个吗？

那位私塾老师瞬间被王阳明的话雷得里内外焦，脑海中不断浮现出各种带有讥讽和教训意味的训诫，但是，最终他还是想不出哪句话能带给王阳明最深刻的点拨，于是，他只好把希望寄托给苍天，希望有朝一日王阳明这小子能够自我反省、浪子回头。

没办法，在当时的教育体制下，王阳明那一番立志成圣的话，实在是太奇葩、太另类了。

就算是现在的小孩子，时不时把"我要当科学家"、"我要做世界首富"之类的话挂在嘴边，大人们也只会当他们天真，别说鼓励他、支持他、鞭策他，就算是信以为真的大人，都非常少。恐怕就算是比尔·盖茨或者乔布斯的父母，都不敢相信他们真的能实现如此远大的理想。

所以说，孩子的世界，其实才是最单纯和自由的。他们的思想不会被无奈的现实束缚，他们的理想不会被残酷的世界强奸，甚至，他们敢于为理想奋斗的决心和行动，都不会被周遭的嘲讽逼退。

王阳明就是这样，他敢于立志成圣，也敢于为成圣的目标，付诸行动。

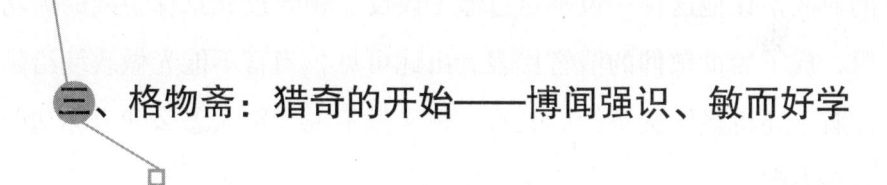

三、格物斋：猎奇的开始——博闻强识、敏而好学

1. 考察边关

每个人的童年，都会有一个模糊的偶像。他可以是指点江山的秦皇汉武，可以是激扬文字的李白苏轼，也可以是沙场点兵的韩信岳飞，甚至可以是拯救地球的超级赛亚人！

或许，这个的偶像离自己非常遥远，和自己的性格也出入很大，甚至跟自己的理想都八竿子打不着，但是，所谓偶像，就是偶然崇拜的对象,是不分贵贱好坏,也不分是非对错的!

不过,偶像的力量是无穷的,因为哪怕是偶然崇拜的对象,也能激发人们的学习欲望。而且,崇拜有着一丝信仰的功能,能够让人在学习和效仿的时候,潜移默化地积累量变、产生质变,最终实现升华,脱离低级趣味。

即便是从小立志成圣,长大了也确实当了圣人的王阳明,小时候也有偶像。这个被圣人偶然崇拜的人,就是于谦。

对,没错,你没看错,我没写错,王阳明小时候的偶像,确实是于谦。

不过,你可能理解错了,这个于谦,不是现在那个跟郭德纲讲相声的于谦,而是明朝那位"粉骨碎身浑不怕,要留清白在人间"的于谦。

这个于谦乃是明朝知名度极高的重臣之一,不过后人对他的政绩功劳却了解不多,反倒是他的那首《石灰吟》以及"两袖清风"的典故,让他这样一位平定过藩王谋反、领导过北京保卫战的大功臣,成了后世敬仰的清官代表。由此可见,当官不能光做政绩给领导看,还得多做文章给后人看,你光做不说,别人怎么知道你功劳有多大呢?

也不知道年轻时候的王阳明,是怎么对于谦产生偶像崇拜情绪的,反正据说王阳明早在13岁的时候,就曾跑到北京城的于谦祠堂,怀着各种崇拜的心情,写下了一幅对联:

赤手挽银河,公自大名垂宇宙。

青山埋忠骨,我来何处吊英贤。

后来在成化二十二年(1486年)的时候,15岁的王阳明又做了一次"说走就走"的旅行,至于旅游的目的,很简单,他当时对于谦的崇拜，犹如滔滔江水连绵不绝，因此，他决定亲自去边关考察敌情。当然，王阳明这次旅行，不是离家出走，而是得到他老爹王华默许的，事实上，王华更多的是因为拿王阳明没辙。要知道，年轻时候的王阳明，虽然没有"官二代"嚣张跋扈的作风，但是调皮捣蛋、爱动好玩的脾性，却是让王华伤透脑筋却又无可奈何的。

"想我堂堂的金科状元，自小与诗文为伴，以读书为乐，怎么我这宝贝儿子，性格爱好却一点都不像我呢！"王华也不知道发了多少这样的牢骚感慨。

后来王华以己度人，心想："凡事都有消长起落，连我自己考上状元以后，对读书都没有以前的激情了，由此可见，这小子还有得救。他不就是爱玩嘛，行，那就让他玩，等他玩腻了，心也就静下来了，到时候总能安心读书考取功名了吧！"

有了这样隐蔽而长久的计划后，王华也就对王阳明采取了放任自由的"放养"政策，甚至这次王阳明大老远地跑到居庸关外"考察敌情"，王华都睁一只眼闭一只眼。

得到了老头子的默许以后，王阳明更是放开了手脚，一出居庸关，就像脱了缰的野马，哪里热闹往哪里凑。可是，那时候的关外大多是"夷狄胡人"，也没啥热闹的集市之类的。

可是，王阳明不仅不觉得无聊，而且还给自己安排了考察计划，路上碰着少数民族的人，他就热情地凑上去，左问问、右扯扯，变着法儿套他们的话，到最后，倒真让王阳明对少数民族的生活习俗有了大致的了解，而他也开始像模像样地思考征战御边的方策。

考察归来后，王阳明的兴趣爱好倒真是发生了很大转向。他再也没像从前那样，拉着一群小屁孩玩"大兵小将、官兵抓贼"的游戏，因为很长一段时间内，王阳明都在思考一件事：如果有朝一日我手握兵权，那我该怎么样统兵作战呢？

王阳明对这个问题的思考，不仅是"日思夜想"，而且还付诸了实践。

当时京城外郊时常有盗贼作乱，而关内也时不时爆出流民作案的犯罪新闻。于是，王阳明将自己所思、所想、所学的方法写成"平安策"，并上书朝廷，以献备用之策。

这事儿听着挺热血爱国，但是实际上却非常不靠谱，你想啊，一个十几岁的小屁孩，在边关溜达一圈回来后，就大言不惭地给兵部写信，说什么"缉盗平乱的事儿，我已经想好了应对之策，你们只要用我的招儿，绝对立马奏效"之类的话。这样的举动，王阳明肯定是没有别的意思，就是很天真很单纯地想为国家和朝廷献计献策，但是，这信到了兵部公务员手上，肯定不是这么想了，这不是摆明是打脸吗？

为此，恐怕兵部的人找上了王阳明的老爹、当时在翰林院上班的王华，估计说了些"你们王家了不得，这刚出了个状元郎，马上又有王阳明这个有思想、有理想、有胆量更有能耐的好儿子"之类的话。

王华当时肯定虚心接受"表扬"，但是他心里跟明镜似的：丫的臭小子，又给老子惹事了！于是王华一回到家，就把王阳明拉出来训了一顿，最后语重心长地教育他："你还小，应该把精力放在读书考试上，那些缉拿盗贼、维持治安的事情，你小孩子家家的就别操心了，那些事儿，不是小祖宗你几句话就能搞定的！"

对此，王阳明倒也没极端排斥，他当时终究只是一个毛都没长齐的未成年人，总得给那些大人一点面子吧！所以，后来的王阳明没再给皇帝、宰相、大将军之类的人写过信，而是独自一人思考。

常言道：日有所思、夜有所梦，他这思考的太多，晚上难免就会做一些奇奇怪怪的梦，甚至有一次晚上，他竟然梦见自己和伏波将军马援并肩作战，后来又跑到伏波庙参拜，梦中还写了一首颂诗：

卷甲归来马伏波，早年兵法鬓毛皤。

云埋铜柱雷轰折，六字题文尚不磨。

正所谓：英雄梦，梦英雄，或许很多人都曾经像王阳明那样梦见了英雄偶像，但是，巧合、偶然或者说是命中注定，王阳明临死前，真的就亲自到了伏波庙，恍若梦境一般！

2. 成圣指南

古人说得好，知子莫若父，这话还真挺有道理的。

当初王华对王阳明采取放任自由的"放养"政策，由着他去边疆溜达，也由着他胡思乱想，甚至他胆大妄为地给兵部献计献策，王华也只是训诫了一番了事。王华之所以这样，也就是指望王阳明自己开窍，玩腻了就收心读书。

果然，自从王阳明从边疆回来以后，确实不会像从前那样整天上蹿下跳闲不住了，甚至偶尔还会乖乖地在书房读读书、查查资料。

这样的状态，让王华非常满意，也算老怀欣慰了。只是，王华当时不能预测未来，因此不知道他这宝贝儿子将以圣人的姿态在未来大放光彩，他更不知道，所有圣人在成为圣人前，都会做出许许多多荒诞不经的怪事来。

而王阳明这段时间之所以那么乖，就是因为他将全部精力都放在一件荒诞的怪事上了。事实上，这事儿在当时看来很荒诞，但是后来却被人们传为佳话的，甚至历史还赋予了它一个象征性的名字——阳明格竹！

这件事情的起因，其实也很简单，就是王阳明立志要成为圣人，于是他就多方打探，看看成为圣人需要什么硬性条件，或者有什么"成圣指南"之类的书籍。

果然，功夫不负有心人，在王阳明坚持了逢人便问、逢书便翻的几个月之后，他终于找到了成圣的钥匙，这就是早已誉满天下的朱熹。（话说朱熹在当时都是比肩孔子的文化名人，但凡读书人都知道，丫的王阳明也太后知后觉了！）

不管怎么样，好歹找到了成圣的钥匙，王阳明接下来要做的，就是研究它、学习它、攻克它、超越它。于是王阳明"遍求考亭遗书读之"，就是找来朱熹的书，前前后后、仔仔细细地研究他的思想，看看他有没有在书里留下那么一两句成圣的口诀心法之类的。

就在一个传说是天朗气清、惠风和畅，其实就是一个普通得不能再普通的黄昏，王阳明独自一人待在房间，一如既往地捧着他心目中的"成圣指南"，突然，一句看似简单，其实真不复杂的话映入他的眼帘，顿时，他拍案而起，欣喜若狂：哎呀，可算找着方法了！

"众物必有表里精粗，一草一木，亦涵至理"，就是这句不知道藏在《朱子语类》的哪个犄角旮旯、看似没有蕴涵多少深奥哲理的话，在王阳明这样具有成圣潜质的人眼中，却看出了深藏在字里行间的希望，更让一心成圣却苦无方向的他，在刹那之间找到了方法。

于是，激动难耐的王阳明，咻的一声往外面跑去，速度之快、步伐之稳,着实让府里的丫鬟、仆人吃惊,甚至王伦老爷子看了都连连感叹:"年轻人真好,可以像风一样飞奔,不过你这小兔崽子跑那么快干嘛,不会又要出去捣乱吧!"

3. 阳明格竹

王阳明当然不是出去捣乱,相反,他是出去办正经事,那就是去找自己的好朋友钱子,将自己找到的成圣秘诀与他分享,并且严肃地告诉他:"我早就说了圣人必可学而至,你看我连成圣秘诀都找到了,现在你总该信我了吧。"

钱子一听这话,起初当然不信,但转头看看王阳明那种较真劲儿,好像真有那么一回事儿一样,于是就姑且听听他怎么说。

"你来看看朱老夫子这句话……"王阳明兴致勃勃地给他解释,"朱老夫子说一草一木都蕴涵至理,而他又说,只要一个人能把世间道理都悟通透,那他就能成为圣人了,你把前后比照着看,应该懂了吧?"

钱子听得一头雾水,好半晌才支支吾吾地回答说:"还是不懂!"

王阳明听后一愣,强忍着教育钱子的冲动,继续耐着性子解释道:"老朱的意思就是只要我们把蕴涵在花花草草里的道理悟出来,长期积累之下,总有一天我们会成为圣人的!"

"哦,好像有点明白了!"钱子似懂非懂,对此王阳明也选择性地忽略掉了,然后拍着胸脯说:"你也不用懂太多,反正我会教你怎么做。你家不是种了很多竹子吗?你就去竹林蹲着,认认真真地参悟竹子里的道理。"

"哦,听你的。"不知道是被王阳明的激情感染了,还是被他舌灿莲花的口才忽悠了,钱子不仅接了王阳明的话茬,而且之后还真的付诸实践了!

当然,王阳明的成圣秘诀完全就是没有经过科学论证,更没有数据支持的异想天开,而钱子也只是王阳明有意无意培养的试验品。因此,钱子的下场可想而知了。

据说钱子听了王阳明的话以后,当天晚上就待在后院,把后院的竹子当成是倾国倾城的美女一样,左看看、右看看,时不时凑近去闻一闻、摸一摸,就差抱它回房睡觉了。钱子就这么"格竹子"坚持了三天,最后劳神伤身,病倒了。

王阳明听说这事后,特地跑去看望他,说了些"不要灰心、不要气馁、不要放弃"之类的鼓励话,同时也发了一些"看来成圣不仅考验潜力和智力,还要考验体力和耐力啊"之类的感慨。

回来后,王阳明觉得成圣这事儿,别人的经验教训终究是二手货,还得身体力行才靠谱。于是,王阳明也跑到自家后院,对竹子采取了为期七天的考察关注。

竹子这东西,自古以来都深受文人墨客的钟爱,许多流传千古的名人、名诗、名作,都对竹子格外关注,像苏东坡就经常说"宁可食无肉,不可居无竹。无肉令人瘦,无竹令人俗"。

按说竹子这种饱含诗意的东西,里头总应该有点精深道理才对,不然那些名人也不会那么钟爱它。可是,像王阳明这种具备成圣潜力的人,七天不眠不休地研究它,到最后"劳思致疾",却愣是没悟出啥有用的道理来。

对此,王阳明也无可奈何,谁让自己没朱子那么大的格物本事,而竹子又把道理藏得那么深呢!

当然,虽然王阳明格竹子没有格出具体的所以然来,不过做了总比没做好,至少这件事是非常具有教育意义,对王阳明自身也具

有启发意义的大事儿。（废话，你试着七天七夜不眠不休去做一件事，看看这事儿对你会不会产生深刻的影响）

后来王阳明对"格竹子"的事做了深刻而全面的总结反省：

首先，王阳明对自己敢想敢做的精神给予了高度的肯定。

因为大家都说格物要学朱熹，可是又有多少人真的照朱熹的话去做了呢？而我呢，不仅愿意花时间去学习朱熹的理论，更能够花精力将其付诸实践，真正做到了理论与实践相结合，思想与行动相统一！（这倒与他后来提出的"知行合一"很契合，看来失败真是成功之母啊！）

其次，王阳明没有动摇自己成圣的决心，但学会了思考成圣的方法。

十二岁的王阳明大言不惭地说要读书做圣人，或许当时老师、家长、同学们都当他是开玩笑或者吹牛皮，但是，圣人的心，凡人不懂。

王阳明立志成圣，不是嘴巴说说，而是非常较真的。但是他知道，成圣不是一天两天就能完成的小事，而是只有执著坚持才能实现的大事，而要做大事，就需要一颗勇敢的心，一种顽强的毅力和一个明确的方向、正确的方法。

格竹子虽然是一个失败的实验，没有让王阳明找到正确的成圣方法，但至少让他排除了一个错误的方法。另外，王阳明也懂得了一个道理，那就是圣人不能靠模仿，因为圣人一直被模仿，但却从未被超越。所以，模仿这招儿不管用，要想成为圣人，就必须用别的方法。毕竟他朱熹虽然是圣人，但我不是朱熹，我也没有他那么大的本事，还是别依葫芦画瓢了。

最后，王阳明第一次对权威产生了怀疑，虽然这种怀疑很朦胧，但是却很真实。

开讲之前，必须对朱熹做一个简单的介绍：朱熹，男，汉族，生卒年无所谓，重要的是，宋朝之后，朱熹编修删改的四书五经被后来的统治者，钦定为"统考教材"，而他也因此成为了天下读书人奉为"祖师"的圣人，用现在的话来说，就是毋容置疑的权威。

说了这些，大家应该知道朱熹的厉害了吧，反过来想，王阳明对这样一位权威的圣人，却用略显戏谑的口吻说"无他大力量去格物了"，该是多么的胆大妄为。

当然，王阳明也没有傻乎乎地跑到大街上大喊："别听朱熹的，他的道理太没道理了。"事实上，格竹子这件事，只是让王阳明对朱熹和他的学说产生了隔膜感，不再像以前那样盲目崇拜圣人，以为读圣贤书、听圣人话就能成圣。虽然这只是一丝丝的怀疑，但是却是一种非常必要的开始。

叁 而立之年中进士——苦逼的科考经历

古人曾说，人生四大喜：久旱逢甘霖，他乡遇故知，洞房花烛夜，金榜题名时。

接下来的几年，王阳明的人生，波折跌宕之处，恰似山峦起伏之势，人生四大喜，他一下子就摊上了两件，可谓可喜可贺！

可是，现代人也曾重新定义过人生四大悲：久旱逢甘霖，一滴；他乡遇故知，情敌；洞房花烛夜，失忆；金榜题名时，没你！

如此悲剧，王阳明却也同时摊上了两件，真可谓是悲喜交加、福祸相依！

首先，王阳明的父亲为了让他收心，亲自为其操办了一桩婚姻。这桩婚姻虽然不是自由恋爱的结晶，但好歹也是门当户对、郎才女貌，按说也是千古美谈才是。奈何王阳明竟然在大婚之日"离奇失踪",为世人上演了一出"逃婚"的好戏,最终反倒成了千古趣谈。

然后,家有贤内助的王阳明,终于愿意收心读书,安心考取功名。按说像他这样具有成圣潜力的牛人,一旦动了真格,何愁进士不第?可是,他的前两次考试,却偏偏发生了各种突发状况,导致他最终名落孙山。人生之大悲,他一下子品尝了两次。

最后,在经历了多次失败的打击之后,王阳明发奋苦读,终于在第三次科考中得偿所愿,顺利考中进士。

不得不说,如此大喜大悲、大起大落,实在是太刺激了!

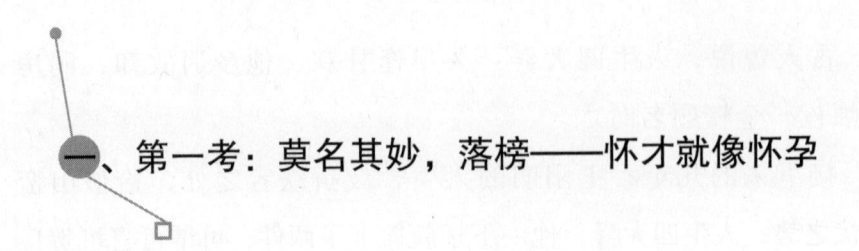

一、第一考:莫名其妙,落榜——怀才就像怀孕

1. 坐忘结婚

"格竹子"没有格成圣人,反倒格成了病人,王阳明只能嚷嚷一句:"圣贤是做不得了,无他大力量去格物了!"

这种抱怨,带有那么一丝泄气的意思,不过,远没到绝望的地步。毕竟成圣的路,又不止一条,朱老夫子"格物成圣"的办法行不通,那就不要一条道儿走到黑,换个方向,继续摸索,反正我还年轻,以后的路还长着呢!

王阳明的心态倒是很好，一点都不气馁，可是王家的长辈们可就沉不住气了！阳明这孩子也不知道在想些什么，没事居然去跟竹子干瞪眼，一瞪瞪了六七天，竹子没事儿，他却病倒了，这样下去还得了！

为此，王家估计开了一次内部会议，倡导者不是王伦老爷子，就是王华状元郎，会议讨论的重点，当然是王阳明的教育问题。

"孩子他爸，你看这孩子小时候多聪明，怎么一不留神就变成这样了呢？"妇道人家爱唠叨，王阳明的娘亲一上来就絮叨了两句。

王华也非常头疼，沉吟了半晌，最后嘟哝了一句："事已至此，别再问那么多为什么，当务之急，咱们得好好想想怎么把他拉回正道，爹，孩子跟您最亲，您有什么办法？"

王伦终究是花甲老头儿，遇事沉稳，不慌不乱，自个儿坐在太师椅上想了半天，最后嘀咕道："家里最近是不是有场喜事要办了？"

"喜事？这都什么节骨眼了，还谈喜事！再不好好管教孩子，指不定他哪天就整出什么祸事了！再说了，咱家最近哪有什么喜事？"王伦一番话，顿时让王华这个状元郎摸不着头脑，但是碍于老爹的面子，只能在心里犯愁，嘴上却问："喜事，咱家有什么喜事？"

王伦老爷子也不回答，眯着眼坐着，一副高深莫测的样子。过了好一会儿，王阳明的娘亲突然一拍额头，嚷道："哎呀，我们怎么把这么大的事儿给忘了，眼看孩子都十七了，也是该把那桩婚事办了！"

话都说到这份儿上了，王华要是再不明白，那他就不是状元郎，而是书呆子了。

王华清楚地记得，在王阳明还是小屁孩的时候，自己的一个拜把子兄弟诸介庵来家里串门，一眼就相中了王阳明，说自己家里头也有个丫头，跟王阳明年纪差不多，要不就许配给你们王家吧，咱俩也算是亲上加亲了。

这门亲事门当户对，王华当然不反对，当场就应承了诸介庵，说等孩子到了婚配的年纪，就把事儿给办了。现在王华掐指一算，哎呀，孩子都十七了，可以结婚了！

"对，没错，赶紧把婚事办了，一来可以把孩子送出去冷静冷静，二来说不定他结了婚，就能收心了。爹，您这法子太好了，我这就去给诸兄写信！"王华高兴坏了，终于有办法对付王阳明这个小祖宗了。就这样，毫不知情的王阳明"被结婚"了！

王阳明虽然有常人无法理解的远大志向，也时常做出常人无法理解的怪异举动，但是，说到底他还是一个好孩子，对于结婚这种终生大事，他还是愿意听从父母安排的。当他听说自己即将背起行囊，远赴南昌，迎娶新娘的时候，他没有做任何一件出格的事来维护自己"恋爱自由"的权利。

当然，所谓的出格那是因人而异的，或许有人认为大婚之前离家出走很出格，也可能有人认为结婚之日睡过头误了吉时很出格，又或者新婚之夜喝醉酒没入洞房也很出格。但是，在王阳明的认识中，这些或许都很正常，因为他自己就在结婚之日，一个人跑到一座山上，找了一个道士，聊了一会儿天，最后"因闻养生之说，遂相与对坐忘归"。

你说这事儿不大不小，轻则误了吉时，影响婚姻幸福度；重则就是人口失踪案，而且失踪的还是当今状元郎的公子。当时可把诸家的人给急坏了，眼看马上就要拜堂了，新郎官丢了，这可如何是好？

于是，诸家人也不办喜宴了，一家老小，上至江西布政司参议诸介庵本人，下至洗衣做饭扫地打水的仆人，统统跑出去找王阳明。可是，正当所有人热火朝天地跟王阳明玩"躲猫猫"的时候，王阳明却老老实实地离开道观，乖乖地回到诸家，这让诸家上下情何以堪哪！

"你说你没事玩什么失踪啊！你玩失踪也就算了，你要玩，大伙儿陪你玩就是嘛，可是你怎么能突然就现身呢，这让我们怎么继续啊！"王阳明的准岳父诸介庵先生只能无语凝噎，摆了摆手，吩咐道："大伙儿别折腾了，新郎回来了，婚礼继续。"

就这样，婚礼这场闹剧尘埃落定，大名鼎鼎的王圣人和默默无闻的诸夫人幸福地生活在一起了！

2. 高人指路

常言道：读万卷书，不如行万里路；行万里路，不如高人指路！

十八岁之前的王阳明，完全是凭借着自己对圣人的理解，摸黑前进。而在十八岁之后，心智成熟的他在成圣道路的探索，逐渐变得有组织、有计划、有方向，特别是他得到高人指路之后，方向和目标变得更加明确。

这里就有一个疑问了，当时有哪位高人能为堂堂的一代圣人王阳明指路呢？

这个高人名叫娄谅，在明初理学界也算一号人物，就算不是学通古今，也好歹博览群书，而且跟王阳明有一点很像，那就是他也很早就确立了成圣的志向，并为之游走四方，遍求名师。但是，一圈走下来，他发现那些所谓的名师高人，"都是些举子学，不是身心学"。

什么叫举子学呢？就是考举人、考状元的学问，而那些所谓的名师，说白了就是整天抱着明朝公务员红宝书在那里死记硬背，梦想有朝一日能金榜题名的书呆子。像这种死记硬背的"举子学"，学来有什么用？娄谅对此不屑一顾，转头却对神秘的占卜算卦产生了兴趣。

所谓的高人，就是业余的兴趣爱好，都比某些专家厉害。娄谅在学习圣人学问的时候，偶尔还会研究一下占卜算卦，据说后来水平还可以。

有一次，他心血来潮跑去参加科举考试，可是中途却跑了回来。别人问他为什么，是不是怯考？他却露出一副高深莫测的样子，说："你别说，我走前就算了一卦，卦象说我这次去肯定能金榜题名，可是祸福相依，此行有祸事发生，我还是不去凑热闹了！"

别人直接把他列入了疯子黑名单，但是没过多久，京城却传来消息，说这次会试，考场突然起火，不少考生都被烧死了。一听这消息，大伙儿立马把娄谅当成了再世诸葛亮，当然，也有不少人当他是瘟神或者乌鸦嘴。

王阳明坐船从南昌回余姚省亲的时候，途径广信（今江西上饶），听说娄谅就在那里，特地下船，专程跑去拜访娄谅。

娄谅算卦占卜虽然有几分能耐，但是还没到能够预测未来的地步，见了王阳明，也不能一眼就看出他根骨奇佳，是百年难得一见的成圣奇才。因此，娄谅也只是把王阳明当成一个慕名而来的普通人，简单跟他探讨了一下人生和理想。

这一次探讨对于娄谅来说再平常不过，但是，对于王阳明却产生了巨大的影响，因为娄谅不经意间说的几句话："圣人必可学而至"，"知行合一，学之要也"，却像是一颗划破黑暗的流星一般，瞬间让王阳明看到了成圣的曙光。同时也让他对自我进行了一次反省，认为自己"昔者放逸，今知过矣！"

从此，王阳明"始慕圣学"，对圣学因为仰慕而产生好奇，因为好奇而迫切想要了解，不仅不像以前那样静不下心来读书，反而像是变了一个人一样，"夜则搜取诸经子史读之，多至夜分"。

3. 科举不第

古代的科举考试一直遭人诟病，但是很多人都没有认识到它其实有一点非常好，那就是状元郎不是世袭的，不管你有没有状元老爸，都得从乡试开始一级一级往上考；而考试呢，不管你聪明不聪明，都得拿着朱老夫子编的教材死记硬背，不然肯定考不上金銮殿。

就算像王阳明一样有一个状元老爹，但是还得乖乖参加考试；另外，他也聪明到可以做圣人，但是呢，还是得老老实实地拿着课本死记硬背。

虽然王阳明真正喜欢的是圣人之学，对于科举考试的学问一点都不感冒，但是迫于状元老爹的压力，他也不得不学习"举子学"，当然，到底认不认真、用不用功，就不是他老爹能控制的了。

21岁那年（1492年），王阳明在看似认真其实完全是应付的复习之后，第一次踏入了"读书人的坟墓、书呆子的天堂"——科举考试的考场。

这次考试只不过是普普通通的乡试，在"科举三考"之中，含金量也最低、通过率最高，因此，王阳明虽然有点消极备考，但是最后还是被他蒙混过关，成了一位货真价实的举人。

但是，一帆风顺的开始，往往预示着波折坎坷的过程。就在王家对王阳明的乡试表现沾沾自喜，甚至幻想着王家能再出一个状元的时候，王阳明却在来年春天的会试中，遭遇了科考中的滑铁卢。

王阳明落榜了，他竟然落榜了，苍天啊，大地啊，世界还有天理吗！

乡试的时候王阳明随便应付都能通过，到了会试，人家辛辛苦苦、认认真真地准备了那么久，最后居然落榜了，这明摆着就是打击人家王阳明的考试积极性嘛！人家好歹也是状元郎的儿子啊，随便给点面子不行吗？

没办法，科举考试是公开、公平、公正的，没有比赛黑哨，也没有幕后黑手，考得上那是本事，考不上那是没本事，怪不得别人，只能怪自己不争气。行吧，收拾东西，回家再练练，等下次会试，重头收拾旧河山，朝天阙！

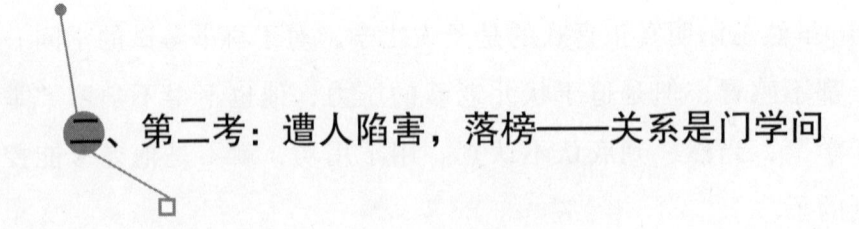

二、第二考：遭人陷害，落榜——关系是门学问

1. 同是天涯沦落人

人和人是不一样的，就像考状元，有的人天生就是考状元的料，随随便便就能连中三元、一举登顶；而有的人呢，虽然才华

横溢、学识渊博，但是不管他多么努力去备考，到最后还是名落孙山。

王阳明也算是有真才实学的人，可是第一次会试，却也难逃落榜的厄运。对此，王家倒也看得开，不就是一次小失败嘛，何必伤怀，来年再考，指不定就一举夺魁中了会元呢！

话说第一次会试落榜，还有那么一段小插曲呢。发榜当日，京城里乱作了一团，有人中举，欣喜若狂；有人落榜，哭天喊地；甚至还有人因落榜而投江上吊。

王阳明作为落榜考生的一份子，自然会有些失落，因为同年乡试的胡世宁、孙燧等人都一举中第，这多多少少对王阳明有点刺激，不过王阳明倒也看得开，淡淡然地对自己说："世以不得第为耻，吾以不得第动心为耻"，所以要整理心情，继续出发。

接下来的几日，王阳明的同僚怕他想不开，纷纷上门来安慰、鼓励，王阳明对此一笑置之。其中内阁首辅李东阳（他也是当时文坛茶陵诗派的代表人）竟然也站出来安慰王阳明，他半开玩笑地对王阳明说："汝今岁不第，来科必为状元，试作来科状元赋。"

哪知李东阳半开玩笑的话，王阳明竟然当了真，当众提笔写了一篇文章，其文才思出众，旁征博引，纵横捭阖，众人看了之后极为震撼，纷纷叫好。

优秀的人才往往容易遭人嫉妒，二十二岁的王阳明一气呵成写出这篇文章，有人看了之后就心里不舒服了。于是一群小人私下里议论起来，你牛逼哄哄个啥，再有能力不是也落榜了吗？虽说你当众展现文才，但是你如此猖狂，来年若中第，眼中哪能容得下我辈！

王阳明的一时兴起让他忘记了做人要低调的道理，于是乎，三年以后，王阳明再次落榜了！而这次落榜也主要是因为遭人嫉妒，被人陷害。

这一次考试，和王阳明一齐落榜的还有一位才华出众的著名人物，他就是唐伯虎。唐伯虎在当时也小有名气，这次科考，他本可一举中第的，只是他太过高调，太过恃才傲物，以致最终被人陷害，还被卷进了"科场舞弊案"，终身不能再参加考试。你说他冤不冤。对于风流才子唐伯虎，还将在后文中细细讲述。

2. 组织龙泉山诗社

第二次会试，王阳明因为没有处理好人际关系而遭人陷害，再次落榜。按理说，两次落榜对王阳明应该打击很大，就算他不在乎结果，那心理压力也应该很大，毕竟他老爹是状元出身，作为状元的儿子，两次落第，不丢自己的脸也会丢老爹的脸啊！

可是王阳明内心就是这么的强大，这次落榜，他没有哭天喊地，又是一笑置之。事实就是事实，没办法改变那又何必怨天尤人呢，既然落榜了，那就干脆出去散散心吧，于是王阳明简单收拾了下行李，回到了老家余姚。

王阳明从小就不是个消停的人，回到老家之后，他完全忘了落榜之事，竟然和一帮文人墨客组织了个龙泉山诗社。

诗社是个啥玩意，其实它就是诗人定期聚会，做诗吟咏的文学社团，说白了就是一群仕途失意的文人约出来喝茶聊天，顺便写写诗文，褒贬时政，发发牢骚。

王阳明的龙泉山诗社差不多也是这个性质。那个时期，诗社比较自由，所以他们可以随意抒发自己的心志，时间久了，王阳明的龙泉山诗社竟然小有名气了，很多知识分子都慕名前来，成为诗社的一分子。他们经常聚会，偶尔还爬爬山、下下棋，日子过得逍遥自在。

这段时期，王阳明倒是写出了不少的诗篇，也算是他创作的一个小高潮，其中有一首诗是这样的：

三月开花两度来，寺僧倦客门未开。山灵似嫌俗士驾，溪风拦路吹人回。

君不见富贵中人如中酒，折腰解酲须五斗？未妨适意山水间，浮名于我亦何有！

这篇小诗，王阳明表达了想要归隐山林的思想，其实也就是落榜之后，借诗言志，抒发苦闷而已，因为不久之后，他就要继续转回仕途的道路上去。

3. 彷徨时期，研习兵法

王阳明在余姚已经小有时日，远在北京的父亲王华算了算时间，觉得儿子也该回来继续复习科考了，于是他去了一封信，希望儿子早日回京。

不久之后，王阳明回到了京城。这一年，西北边疆又开始躁动不安了，蒙古骑兵经常有事没事的出来骚扰边疆居民，严重影响了当地人的正常生活。

这种态势愈演愈烈，后来蒙古小王子竟然率兵大举侵犯明朝边疆，斩杀我军无数将领不说，竟然还将魔爪伸向了山西大同。打到大同的意义就不同了，因为大同离北京不远，这足见他们的狼子野心。

对此，朝廷上下都极为震惊，但是朝中之人，大都是贪生怕死之辈，一听蒙古进犯，一个个一溜烟都跑了，生怕被派去打仗。

此时王阳明26岁，正是年轻气盛之时，他听说朝廷官员个个都是贪生怕死之徒，顿时心生感慨，感觉考入仕途又有何用，还不如做一名武将，上阵杀敌，报效国家。于是他开始把视线转移到兵法上去。

这段时期，王阳明开始用心钻研兵法。他经常四处寻觅兵书，然后一股脑的扎进书堆里，希望能从兵书中学到一些有用的知识，以便日后在战场上运筹帷幄。

当时的明朝政府军事意识薄弱，对于边疆战事往往随意派点兵去吓唬吓唬，然后就打道回府，从没想过彻底剿灭。有的时候，那帮贪生怕死的大臣们还一再提出退让条件，希望以此减少战事，然后一劳永逸。哪知那帮外来侵略者都是些野蛮之人，得到好处之后，竟然又开始四处骚扰，致使边疆一直无法彻底安宁。

朝廷对北方战事一直都爱理不理，但这却并没有影响王阳明学习兵法的热情，他把《孙子兵法》、《司马法》、《吴子兵法》等军事著作都细细研读了一遍，而且还对很多内容做出了自己的点评。

例如，当他读完《吴子兵法》之后，他给出一段这样的评论："彼孙子兵法较吴岂不深远，而实用则难言矣。想孙子特有意著书成名，而吴子第就行事言之，故其效如此。"大致意思就是孙子是为理论而著书，而吴子身经百战，更讲究务实，因此《吴子兵法》更重实用性，而《孙子兵法》更重理论性，用文学术语来表达就是《孙子兵法》谈战略，《吴子兵法》讲战术。

王阳明的这段评论不恰恰是一语中的吗？

除了对《孙子兵法》和《吴子兵法》作出了比较，王阳明还这样点评了《司马法》："用兵之道，犹必以礼与法相表里，文与武相左右。"

这段点评，看似文绉绉的，但是王阳明用"儒术"来解释用兵之道，已经站到了帝王的高度。

王阳明如痴如醉地研习兵法，在他看来，即使没有施展军事才华的舞台，但是兵法中所蕴涵的一些谋略思想也值得借鉴。后来的事实证明，王阳明的兵法没有白学，那么多次上阵杀敌，王阳明都能运筹帷幄，最终还造就了一个军事奇才王阳明。

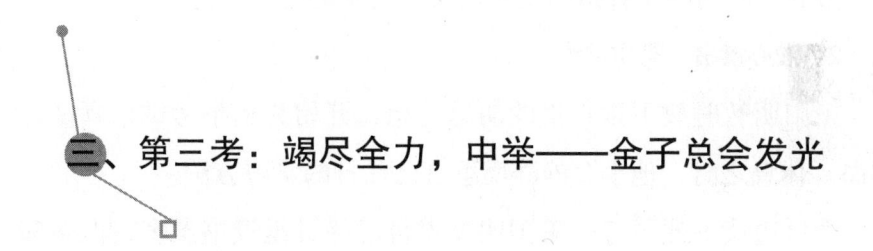

三、第三考：竭尽全力，中举——金子总会发光

1. 重读四书五经

王阳明如痴如醉地研究兵法却遭到了官场中人的冷嘲热讽。一日，王阳明随父亲一起去朝廷赴宴，赴宴之时，王阳明并没有理会大家的谈天说地，而是飞快地把桌上的水果吃掉，留下一桌果核玩弄起兵法布阵。

他的这一举动引来了朝廷官员的议论，有人就嘲讽他道："可知赵括乎？"

赵括乃纸上谈兵的典型反面教材，王阳明当然知道，他也从中听出大家是想嘲讽他纸上谈兵，于是当即反驳："我不是赵括。"

哪知又有人继续出来讥讽他，说他确实不是赵括，因为赵括尚可上阵杀敌，而他的舞台就是桌上的这一堆果核。

王阳明的自尊心被深深地伤害了，这句嘲讽之话犹如当头棒喝一般，把王阳明拉回了现实。他突然间明白过来，自己如果想要上阵杀敌，报效国家，那唯一的办法就是走中规中矩的路线，科举中第，然后才能有机会上阵杀敌。

第二天，他便拿出朱熹的《四书集注》（明朝时期科举考试的官方教材，考题多源自于此）开始认真研读起来。对于朱熹的理论，王阳明一直觉得过于死板，但是为了能够科举中第，他也只能硬着头皮读下去。

看到王阳明终于肯踏踏实实读书，王华心里也倍感欣慰。

2. 潜心读书，高中进士

王阳明暂时放下素日里的胡思乱想，开始为科举考试认真做着准备。休息之时，他也会静静反思自己往日的学习方法。

通过边读书便思考，王阳明发现自己往日里读书虽多，但是都不够精细，根本没有吃透其中的真谛，而且过于心急，以至于只学到一些皮毛。

有了这番顿悟，王阳明顿时精神大振，于是他改变了学习方法，通过循序渐进，融会贯通，他摸到了科考的门路，又经过一段时间脚踏实地的积累，王阳明发觉自己所学知识已经成为了一个系统。

弘治十二年，二十八岁的王阳明迎来了自己人生的第三次科考。通过之前的潜心读书，这一次王阳明终于考上了，并"赐二甲进士出身第七人，观政工部"。而这也是王阳明向父亲交出的最满意的答卷。

肆 改朝换代、宦官弄权——世道乱了，枪打出头鸟

两次"高考"名落孙山，王阳明自然心里也不好受，不过他并没有因此自暴自弃，无法走出落榜的心理。相反，牛人就是牛人，他相信自己的能力，这次没中，再过三年，自会金榜题名。

功夫不负有心人，经过三年的努力，王阳明悟透了更多的学习方法，所学知识也更加系统全面。明孝宗弘治十二年，二十八岁的王阳明以二甲第七名的成绩高中进士名，虽然年纪稍大了点，但是古代科举考试的难度比起今日的高考可要难许多，所以王阳明这次高中，比起如今各省的高考状元更是略胜一筹。

王阳明以优异的成绩进入工部，也就是从此时起，王阳明步入仕途，开始创造属于自己的未来。

初入仕途的他任职于六部之末的工部，但是却主管全国的各项土木建设、水利工程等事宜，可谓相当有"钱途"，这样的肥差，很多官员眼巴巴的想挤进来呢。

可王阳明的老爹是状元出身，这位"高富帅"根本不缺钱花，对钱财也看得很淡，因此他根本不在乎是何职位。不过年轻气盛的王阳明却有一腔的报国热情。

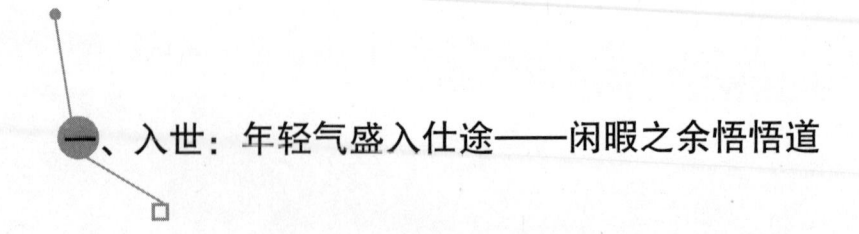

一、入世：年轻气盛入仕途——闲暇之余悟悟道

1. 修王越墓

上任伊始，王阳明开拓进取，热情似火。在此阶段，王阳明主持修建了威宁伯王越的坟墓。王越，明代武将，景泰二年进士，官至兵部尚书，总制大同及延绥甘宁军务，以功封威宁伯。

此人有着一段传奇的故事，相传王越当年参加殿试之时，突然狂风大起，本来威宁伯王越的卷子被这阵邪风给刮走了，而且所有考生中，只有他一人的卷子被风刮走。王越当时就急哭了，好在当时的考官很近人情，又给了王越一张卷子让他答完。而这一年，王越也考中了三甲第七名。

真正传奇的地方在这里：几年后，朝鲜使节来京进贡，贡品让在朝官员极为震惊，竟是王越同学当年被风刮走的殿试试卷，这张试卷跋山涉水飞到朝鲜，又被朝鲜使臣当做神物带了回来，你说传奇不传奇？后来王越果真成了明朝一人物。

王越在世之时备受恩宠，去世后，明孝宗朱祐樘也对其崇敬有加，特命工部为其建造了一座气派的大坟墓，而王阳明便成为这项工程的负责人。这对王阳明来说可是一项殊荣，所以他便打起十二分的热情开始工作。

年轻气盛的王阳明对这件事儿可丝毫没有懈怠，他不像其他包工头一样经常偷懒，相反，他格外有精神，一天到晚都在工地上转悠，一丝不苟地检查工程进度，搞得工匠们都没有一点偷懒机会。休息之时，他也不闲着，竟想出一套运动体操让工匠演练，王阳明认为这样可以劳逸结合，锻炼身体。

工匠们疲惫不已，可是王阳明还没消停，他依旧在施展他的军事才能。他用练兵之法"什伍法"调动和管理工匠，又组织工匠演练"八阵图"。他对这种军事指挥的感觉极为上瘾，可是工匠们却叫苦不迭啊：我们只是个工匠，又不是士兵，怎奈却要吃这些苦头。

王阳明的军事才能在修王越墓之时就逐渐显露了出来，若干年后，他还将用他的指挥之才挽救大明的江山。

王越墓在王阳明一丝不苟的监督之下完美竣工，王越家人感激涕零，将王越生前的佩剑送给王阳明，对于吃喝不愁、不慕钱财的王阳明来说，这就是最好的礼物。他也希望自己能够像威宁伯王越一样，叱咤沙场，建功立业，名留史册。

2. 《陈言边务疏》

第一项实习工作圆满完成，回京之后，王阳明依旧热情不减。此时西北边疆一点也不安宁，蒙古军队经常到大明疆域上"溜达"，烧杀抢掠一番就得意扬扬地回去，这严重侵扰了边界人民的正常生活，同时也让明孝宗朱祐樘头疼不已，因此他经常和臣子们共同商议西北事务。

一听说要商讨西北边界事宜，热血青年王阳明又开始闲不住了，于是他独自到西北边疆游览了一圈，其实目的是调研。经过一番调查研究，小王同志回到京城便向皇帝上了一封巩固边陲，除旧革新的《陈言边务疏》，又称"便宜八事"。此文条理清晰，针对当时的具体情况，内容涉及政治、经济、军事等各个方面，共包含了八项措施。

一曰蓄材以备急。对于这一点，王阳明引经据典，详细讲述了当时明朝的国防情况，并指出在国防方面，我大明不缺精兵，只缺良将、帅才，因此此时的重点是培养统驭之才，以备不时之需。除此之外，他还提及兵部将领也应上阵杀敌，而不只是单单的指挥。

二曰舍短以用长。这一点是关于留住人才的举措，王阳明提到应该尽弃前嫌，唯才是举。他引用了吴起杀妻，却为一代名将；陈平贪财，却为一代谋臣；管仲逃跑，成就一方霸业等典故向明孝宗委婉说明，不能因一些过错就将为国作出过贡献的武将罢免。人非圣贤，孰能无过，何况他们只是一介武夫？如果能够宽恕他们，让他们立功赎罪，他们必将感激涕零，竭尽全力效忠国家，这必然会起到更好的效果。

三曰简师以省费。这一点是要朝廷裁减一部分冗杂的军队，节省出的费用就可放在边疆将士身上，这个举措既节省了军费开支，又有助于鼓舞边疆将士士气，可谓是一举两得。

四曰屯田以足食。关于这一点，王阳明主要是建议让较为闲暇的京城守卫部队在空闲时间种田养兵，这样不仅可以自给自足，也减少了朝廷的供养，节省了一大笔的京城戍守部队的军费开支。

五曰行法以振威。这一条是关于严明军队纪律的建议，王阳明借用典故引出，当前军队的主要问题是士兵贪生怕死，士气低靡，长此以往，士兵斗志大减，一打仗就逃跑，必将不战而败。对此，应该严明纪律，以正军威。

六曰敷恩以激怒。王阳明指出，士兵在战场上缺乏斗志、士气低靡主要是因为被杀者不是自己的亲人，对他们而言，自己的生死和生活问题才是最重要的，因此战争的胜败就显得不那么重要了。对此应该通过关怀士兵，抚恤其家人等措施激励士气，并加强教育工作，让他们心甘情愿为国效力。

七曰捐小以全大。这是一条极有战略意义的军事措施，王阳明指出，作战之时我们不能只是按兵不动，应该抓准时机，先引诱敌人，然后狠狠地主动出击，这样自会威慑敌人，也会占有战争的主动权。

八曰严守以乘弊。中国自古以来就善于守城，而这也是一个不错的办法，守卫好自己家门，以逸待劳，然后等待时机打击虚弱疲惫的敌人，这便会轻松地立于不败之地。

此八项措施思路清晰，考虑全面广泛，足见王阳明的用心良苦，可是朱祐樘没看几句，就以一句"上嘉纳之"搪塞过去。王阳明人微言轻，对于此奏疏，虽不了了之，也毫无办法。

3. 基层锻炼，日渐成熟

王阳明顺利度过了修王越墓等实习阶段之后，便开始担任实职。他的第一份转正工作是刑部的云南司主事，这是一个正六品的官衔，主要管理云南省司法案件，此职务在现代是个处长级别的官员，虽说不大，却有实权。

第二年，王阳明又被派往江苏淮安，协同当地的地方官处理和审决重犯，说白了也就是干部下基层锻炼，锻炼一段时间以后，回到京城再委以重任。京官王阳明来到基层，官员们对他可谓是礼遇有加，凡事都让他做决定，王阳明因此在这小小的地方职位上大展才华，津津有味地做起领导。

王阳明可不是个闲得住的人，他年纪轻轻，充满了激情，即使在小小的地方，他也热情似火，并且做任何事情都一丝不苟。一上任，他就开始大展拳脚，他不辞劳苦地翻出旧的卷宗，全部重新审阅起来，对于过去的冤假错案，他一一审阅，为很多犯人平了不白之冤。对于有些复杂的案件，他不畏辛劳，亲自走访证人，寻根究底，真可谓是百姓的好官。

王阳明的办事效率极高，没过多久，一大堆冗杂的案件就被审理完毕，放到普通官员的身上，估计没个三年五载是完不成的。

工作完成了，离回京复命可还有一段时间，那做点什么打发时间呢？于是王阳明开始亲近自然，感悟人生。在此期间，他游览了钟灵毓秀的九华山，探访了许多名人隐士，写出了一首首优美的诗篇。处在宁静的大自然之中，王阳明暂时忘记了官场上的烦心事。而九华山之游也为王阳明建立自己的思想体系奠定了基础。

4. 会稽悟道

通过基层锻炼，王阳明日趋成熟起来，由于业绩不错，他在朝廷上也引起了不大不小的轰动。

是年，王阳明回京复命。此时的京城，正流行着一场古文运动，这场古文运动，实质上是一场文学改良运动。当时明朝文坛上占有一席之地的"前七子"（包括李梦阳、何景明、徐祯卿、边贡、康海、王九思和王廷相七人，以李梦阳、何景明为代表）因不满文坛上死气沉沉的气氛以及千篇一律的八股文形式，于是发起了这场古文运动。

爱凑热闹的王阳明被糊里糊涂的拉进了这个"小团体"。"前七子"作为新生代，主要的文坛对手是以李东阳为主的茶陵诗派。"前七子"这帮小知识分子桀骜不驯，经常聚在一起针砭时事，搞得倒是挺轰轰烈烈的。作为这个"小团体"中的一个"小喽啰"，王阳明也经常被拉出去应酬。

时间久了，王阳明发现所谓的古文运动只不过是些形式，从未做出实际的有意义的行动，而他所期望的改造时人的思想意识，树立远大政治理想的目标是完全不可能实现的。看透现实的王阳明再也忍受不了这帮人的浮夸，于是他选择离开了这个"小团体"。

这场古文运动虽悄无声息地湮没在历史的车轮中，但却让王阳明的思想有了新的变化。从小王阳明就立志做圣贤，这个理想虽备受打击和讥讽，但是它早就在王阳明心中生了根，经过多年的培育，如今那颗种子已经开始发芽成长，经历多了，王阳明的思想开始成熟，他也开始为做圣贤勇敢迈出了一大步。

古文运动之后，王阳明上疏皇帝，假意称自己病了，希望能够回家养病。此时国泰民安，你要走就走吧，于是皇帝摆摆手答应了。而王阳明离开政界之后，便开始发奋读书，他希望从学习中领悟圣贤真谛。

没有工作的压力，远离了喧嚣的官场，王阳明心情极为舒爽，但是他的理想却一直在催促着他。于是他打包好行李，回到绍兴老家，在会稽山上潜心修炼起来。

会稽山可谓是人杰地灵，当年王阳明先祖王羲之就在此处写下了千古第一行书《兰亭集序》，如今王阳明又回到了这里。经过多番考察，王阳明相中了一处非常适合修养的洞府，"安营扎寨"之后，王阳明便开始在此修炼导引术（和现代的气功差不多，用以养生）。

经过两年多的悟道，王阳明变得清心寡欲，对于外界事物毫不在乎。但是这两年的悟道也使他明白了另一个道理，那就是隐居遁世并不能成为圣贤，所谓的导引术只是小把戏，通过这些是无法成圣贤的。当年老子提倡"无为而无不为"，这样反而成为了圣贤，想到这些，王阳明决定再次入世。

第二年，王阳明走出会稽山，来到杭州养病。在此期间，他依旧闲不住，经常四处转悠，拜访高人。而这段隐居时期也成为了王阳明思想的转型期，没有他的会稽悟道，就不会有复思用世，更不会成就一代圣贤王阳明，所以这也成为了王阳明圣贤人生的一个转折点。

而在杭州期间，王阳明身边还发生了一件传诵至今的趣事儿！

那时候，闲来无事的王阳明时常往来于湖山古刹之间，与文人品诗，与僧侣谈禅，生活好不悠哉！有一日，他听说虎跑寺中有一位得道高僧，竟然坐枯禅长达三年时间，期间他没有张嘴说过话，也没有睁眼看过人，毅力和耐力可谓惊人！

如此奇人奇事立马就勾起了王阳明的好奇心。于是他当天就来到虎跑寺，亲自会了会这位"不言不语"的高僧。

当时那位高僧像平常一样，静静地跌迦而坐，没睁眼，也没张口，活像一尊佛像，任由王阳明参观打量。

一见这情形，王阳明当时就乐了，好一个和尚，真有定力，我这么一个大活人站在你面前，你居然连正眼都不瞧一下，你就不怕我暗算你吗？

眼看着这么一个"人偶"坐在面前，从小就调皮捣蛋的王阳明，顿时有了恶作剧的想法。

小样，你都枯坐三年了，很无聊吧，让我来逗逗你，给你解闷！

于是，王阳明对着和尚左看看、右瞧瞧，然后突然大喝一声："你这和尚，终日口巴巴说什么！整天眼睁睁看什么！"

这声喝叱，恍若暮鼓晨钟一般，瞬间响彻在大殿之中。

那位枯坐三年的和尚，听闻此话，竟然睁开了他那双三年都闭着的眼睛，与此同时，三年不说话的他，居然破天荒地张口就说："你吓我干嘛！"

王阳明捋了捋胡须，一个劲地在那里得意地笑，过了半晌才回答道："我就是想找你聊聊天！"

和尚一脸无奈地看着眼前这位美貌与智慧并存的帅哥，心中那叫一个恨啊！三年的枯禅，就这么被他一句话给毁了，罪过啊，罪过！

王阳明径直坐到和尚的身边，拉家常一般说道："你别郁闷了，我又不是来跟你聊人生、聊理想的，我就是想问你件事儿！"

和尚倒也大度，不仅没有追究王阳明"恶搞"的责任，反而耐心地跟他聊了起来："什么事，施主但问无妨！"

"也不是什么大事，就是想问你，家中还有何人？"王阳明说道。

和尚似乎有点伤感，对曰："有母在！"

王阳明继续问道："那你想她吗？"

"想，当然想，怎么可能不想！"和尚面露思念之色！

王阳明听了这话，突然用力拍了和尚的肩膀一下，大声说道："想她就回去咯，趁她还健在，好好尽孝道，比你在这儿枯坐有意义多了！你虽然是和尚，但是和尚也是人，也有七情六欲，思念家乡、思念亲人，这是每个人都有的本性。你枯坐在这里，分明就是违背本性、违背良心，像这种低级趣味的事情，你为何还要坚持！"

一听这话，和尚突然无言以对，他内心深处那道脆弱的防线，瞬间被王阳明的爱心本性攻克。于是，这和尚第二天就卷铺盖走人，离开虎跑寺，赶回遥远的家乡。

这段流传至今的趣事儿以及二人之间那段充满禅意的对话，不仅体现了王阳明在佛学方面的造诣，更为他以后的心学教义增加了一抹趣味儿。

此事之后，王阳明多次扪心自问，我口口声声地教那和尚不要违背本性，那我自己呢？我有匡扶社稷之志，也有经略四方之心，现在已有功名在身，本该大展才华，为百姓谋福，为国家分忧，为何现在却因为小灾小病就"龟缩"于此，这不是同样违背了自己的本性吗？

反省之时，王阳明的心头，恐怕一直在浮现张载的那句名言：

为天地立心，为生民立命，为往圣继绝学，为万世开太平！

也就是从这个时候开始，王阳明坚定了自己那颗经略四方的雄心！

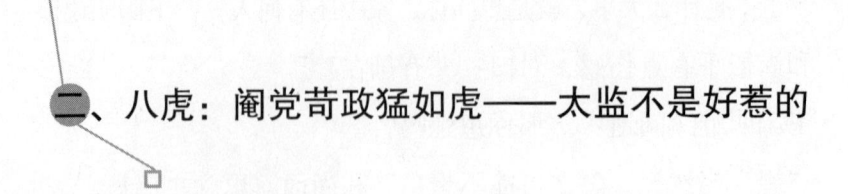

二、八虎：阉党苛政猛如虎——太监不是好惹的

1. 山东乡试，反对理学

经过几年的官场磨练，又加上两年多的隐居静思，王阳明悟出

了很多道理，要想大展宏图，还需走出深山，在现实中实现圣贤之理想。可是世道乱了，枪打出头鸟，一场灾难在慢慢靠近王阳明。

复思用世的王阳明再次回到了京城，他向上头销了假，继续在以前的职位上干起来。想想这样停薪留职的待遇也不错，不是合同制的，请假回来不用重新找工作，可以继续上岗，倒真是方便、舒适。

王阳明骨子里就不是个消停的人，刚刚复职不久，他就赶上了一科乡试。在官场上摸爬滚打几年的王阳明此时已然小有名气，这一次，他被派往山东去主持乡试。

自古以来，孔孟之乡山东就是个教育大省，人才辈出，国家对山东的人才选拔工作还是相当重视的，这一次，王阳明担任山东乡试的主考官，可谓是责任重大。而这一次，颇有名气的王阳明也可以大显身手了。

作为出题老师，王阳明年纪是有些小了，可是他是京官，大家都得听他的，除此之外，王阳明在官场和学界都小有名气，能力还是被公认的，所以也算能服众。

当年王阳明主持修建王越坟墓，他发挥了各项统驭之才，让工匠们叫苦不迭。这次王阳明作为山东乡试的主考官，又会怎样刁难考生们呢？

不得不说，王阳明作为主考官，真是折磨考生。他出的第一个题目是"所谓大臣者以道事君不可则止"，当考生们看到这个题目时，全场欷歔不已，为什么会让考生如此震惊呢？我给大家解释一下它的意思大家自会明白了。这句话出自《论语·先进篇》，是圣人孔子说过的话，大意是：所谓大臣，就是用道义侍奉君主，如果这样老板还挑三拣四，那大不了就辞职不干了。这是极具自我意识的话。

在当时的明朝，忠君爱国是相当严肃的事情，人臣之礼是万万不可逾越的，王阳明的这道试题不是大逆不道吗？你答对了，确实是这样！作为考生，若答卷稍有差池，皇帝如果一不高兴，大家的项上人头就不保了，没人会拿自己的性命开玩笑，所以大家自会欷歔不已。

其实王阳明出这一题的真正目的是反对当时盛行的朱熹理学。在王阳明看来，当时的明朝，官方推崇理学，使得理学占社会统治地位，而八股化的理学重视条条框框，极力强调三纲五常，礼仪纪律，严重禁锢了个人思想的发展。王阳明的理想是倡导圣贤之学，让个人思想从理学中解放出来，所以他便趁此次乡试主考的机会反对理学。

第一题已经让考生们大跌眼镜了，策论试题更是让大家抓狂不已。策论试题是一个材料作文，最终目的是要大家谈谈各自对圣学的理解。这一题的材料是王阳明亲笔书写的《山东乡试录》，当考生们看完材料，都对王阳明的学问赞叹不已，可是这一题实在是难，圣学究竟是什么谁也说不清，又何谈理解呢？放在今天，用各种辩证思维，哲学观点来加以解释都很难表达清楚，毕竟圣学是一门很高深的学问。

这次主持山东乡试，王阳明也算是大展身手了，从考题中，也展露了王阳明的思想走向，他推崇的是圣贤之学，这门学问是和朱熹理学略有冲突的。

2. 八虎当政

弘治十八年（1505年）五月，那位勤政爱民却又命途多舛的明孝宗朱祐樘驾崩了，享年三十六岁。提起朱祐樘，不得不说说他的可怜，按理来说，皇室出身的朱祐樘应该像其他王公贵族一样有一个锦衣玉食的美好童年，相反，他的童年却非常的坎坷不幸。

当年朱祐樘的老爹朱见深在一次偶然之中，遇见了年轻美貌的纪氏，她便是朱祐樘的母亲，接下来的事情不说大家也都明白了，纪氏被宠幸了。在古代，当皇帝的宠幸个宫女再正常不过了，可是这次偶然却创造了明孝宗朱祐樘。

只是，纪氏怀孕的消息不胫而走。朱见深的宠妃万贞儿嫉妒纪氏有孕，下毒加害，好在世上好人多，纪氏和腹中的朱祐樘躲过了一劫。可是万贵妃仍不罢休，将纪氏打入冷宫。在阴暗的冷宫之中，纪氏偷偷生下了朱祐樘，又在大家的帮助下，朱祐樘吃着百家饭在冷宫之中长到六岁，直到此时，他才恢复了皇子的身份。

朱祐樘做皇帝以后，励精图治，创造了一个短暂的"弘治中兴"，只可惜，天妒英才。年仅三十六岁的他英年早逝，留下了一个烂摊子，还有一个少不经事、极会闹腾的朱厚照，这真是当爹的不幸，又是明朝的劫难啊。

明孝宗朱祐樘病逝，明武宗朱厚照继位，改为正德元年，开始了他的帝王生涯。从此历史上的"潇洒帝"闪亮登场了。

这位爱玩、爱闹腾的"潇洒帝"继位时年方十五岁，按理说，十五岁也到了懂事的年纪，将治国的重担交给他，他应该有所重视，可是这个爱玩的小皇帝在一群太监的哄骗下，越发荒废了学业和政事，这便导致了宦官弄权的局面。

这个时期出现了历史上有名的"八虎当政"。所谓"八虎"，是指在东宫朱厚照身边随侍的八个太监，包括刘瑾、马永成、高凤等人，刘瑾则是"八虎"之王。

"八虎"以刘瑾为首，他们为了巴结朱厚照，每天都献给这个小皇帝一些奇特的玩具，还经常搞怪，组织各式各样的娱乐演出，以博取朱厚照的欢心。年幼的朱厚照本是个聪明的孩子，怎奈却被这群太监哄骗诱惑着，于是乎，他就就沉溺其中，荒废了学业和政事。而备受皇帝宠信的"八虎"则成为了朝廷的掌舵者。

3. 阉党苛政，乌烟瘴气

这位爱玩的"潇洒帝"对政事完全不在乎，国家大事便由一群太监做起主来。以刘瑾为首的"八虎"对朱厚照连哄带骗，在宫中搞出各种各样的花样，把后宫弄得乌烟瘴气，这可气坏了弘治时期留下的正直大臣们。于是，谢迁、刘健等内阁大臣不顾老命，联名上书，请求皇帝除掉"八虎"。

刚刚继位的朱厚照还没玩够就被大臣们的上书搞得晕晕乎乎的，做皇帝本来就不是他所喜欢的，严重点来说，对他简直就是一种折磨。大臣们可不管那么多，你是皇帝，就该做主，于是他们群逼猛进，这让朱厚照更是头痛不已。

正当朱厚照厌烦了，打算挥挥手说"好了，好了，就依你们，除掉八虎"之时，老奸巨猾的刘瑾又出来捣乱了。刘瑾扑倒在皇帝脚下，鼻涕一把泪一把地开始号啕大哭起来，一边大哭一边诉苦。刘瑾从小陪朱厚照玩到大，怎么说朱厚照对他都是有点感情的，哪里忍心他这般哭诉，于是在刘瑾的哭诉下，历史被改写了，第二天，进谏大臣被一一惩处，而内阁元老们也告老还乡，第一波反对"八虎"的运动失败得彻彻底底。

而尝过甜头的"八虎"气焰更加嚣张，简直就成了宫里的螃蟹，横着走了。他们带着朱厚照肆无忌惮地玩，宫里一片乌烟瘴气。搞乱还不说，刘瑾又靠着皇帝的宠幸处理国家事务，成了权倾朝野的宦官，这样下去明朝的未来实在堪忧！

三、议政：满朝文武怒似狼——道理不是好讲的

1. 枪打出头鸟

以刘瑾为首的"八虎"，对内对小皇帝连哄带骗、百依百顺，对外则大肆挥霍，吃喝享乐。"八虎"得势，朝廷一片混乱，宦官当政，长此以往，国将不国。

第一次斗争失败了，可是不能就此对宦官屈服，即使拼上身家性命，也要挽救这种宦官当政的混乱局面。我们是言官，我们要敢于直言进谏，向皇帝讲道理；我们是武将，我们不能硬着干，但是我们有着铮铮铁骨，我们也要抗议到底。

面对阉党苛政的混乱局面，一批批的爱国之士挺身而出。京城方面的刘健、谢迁、李东阳上书不成，反遭陷害，经此打击，北京方面的官员大都选择了沉默和逃避。不过虽然他们倒下了，又有一批爱国之士站了起来。

在此关键时刻，南京方面的官员出头，接着同"八虎"做斗争。他们继续上书，一是请求皇帝挽留谢迁、刘健等内阁大臣，二是直谏皇帝说刘瑾不是好人，会祸国殃民。

这个时候是刘瑾当政，任何奏折都会经过他的手中，所以当他看到这些奏疏以后，气急败坏、恼羞成怒，直接派下属前往南京，将为首的二十多名官员押解至京，集体给予廷杖，南京给事中戴铣被活活打死，其他人廷杖之后又被削为平民。

2. 至死不屈

不得不说，戴铣等不畏权贵、勇敢上书的人个个都是汉子，他们明知上书会有危险，却仍不顾个人安危，坚持上书要求罢免刘瑾。怎奈朝廷已经不是皇帝说了算了，这个时候是刘瑾的天下，谁得罪他就得死，所以戴铣才因廷杖被活活打死。

戴铣倒下了，御史蒋钦又勇敢地站出来了。明知戴铣被活活打死，蒋钦却毫不畏惧，继续同权贵做斗争。面对宦官当政，蒋钦抱着大不了一死了之的决心继续上书，也就是因为他的这种气节，使得他在青史上留下深深一笔。

在明朝，按规定官员廷杖时可以用棉絮或毡子裹着，因为廷杖的目的只是吓唬吓唬官员们，旨在教训。可是刘瑾真不是个好东西，他把规矩改了，要求廷杖时把裤子脱了，更狠的还在后面，他的打手个个都是经过训练的，打起人来那叫一个狠呢，所以廷杖打死人也是很正常的事情。

蒋钦被狠狠地打了三十大板，扔进狱中，但他仍不罢休，在狱中还不断上书皇帝，直言进谏，可谓是字字血泪啊。

可惜这个昏庸皇帝哪里听得进蒋钦的忠告，在太监刘瑾的添油加醋下，蒋钦又被继续拉出来打，叫天天不应，叫地地不灵的蒋钦最终被活活折磨死了，可谓是死得悲壮！

3. 上书不成，反遭毒打

朝廷一片混乱，向来爱管闲事的王阳明怎么不见踪影了？大家别着急，国家处于危难之际，王阳明怎么可能坐视不理呢？看着一个个倒下的汉子，王阳明终于沉不住气了。

经过官场多年的摸爬滚打，王阳明世故多了，圆滑多了，他没有像戴铣、蒋钦等人直言不讳，面对一个"潇洒"、"流氓"的皇帝，还有一个老谋深算的刘瑾，王阳明清楚，直谏的结果只有死路一条！他才不那么傻干呢，那他要做些什么呢？其实还是上书，只不过不要那么直白罢了。

于是王阳明充分发挥了他的文学功底，用平和、委婉的语气向皇帝上了一封奏疏，希望朱厚照不要怒杀言官，一旦怒杀谏臣，那必将遗臭万年。

怎奈王阳明低估了这个年纪轻轻的小皇帝和这个卑鄙无耻的刘瑾。小皇帝看到奏疏之后，气愤不已，你个六品芝麻官敢对皇帝我说三道四，不想混了！刘瑾虽然没读几天书，但是他也看出了王阳明的用意，你在奏疏中虽然没有提及大爷我的名字，可是你的"权奸"二字分明在说我嘛，难道换个外号我就看不出来了，就不找你麻烦了？

所以王阳明的上书依旧只有一个结果，那就是继续打！可怜的王阳明被"赏"了四十大棍，然后扔进诏狱，等候发落。由此可见，道理不是好讲的，官场不是好混的！

伍 被诬入狱、远赴贵州——人心变了，专欺老实人

"八虎"当政，朝廷一片乌烟瘴气，一批批爱国之士挺身而出和宦官政权作斗争，大家前赴后继，至死不屈，王阳明也在这个行列之中。

当他看着一批批官员上书被打、被贬，于是他再也忍不住了。不过他选择了更为温和的方式，希望以一封温和的劝谏让皇帝不要再怒杀谏臣了。

怎奈他的奏疏还是得罪了"潇洒"小皇帝和"流氓"太监刘瑾，不仅被打了，还被关进诏狱之中，和皇帝讲道理讲不通，官场也不是像他所想的那般容易混下去，于是在狱中，他开始思索一些意味深长的道理。

事实上，王阳明如今被关在这阴暗潮湿的诏狱之中，除了思考，他不知道自己还能再做些什么。

一、入狱：狱中仿古演周易——幽拘忧思

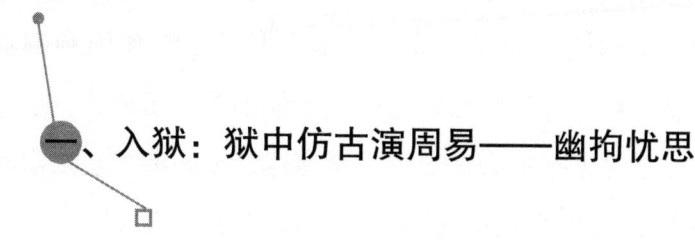

1. 光荣入诏狱

王阳明在这次党阀斗争中惨败收场，被光荣地投进了诏狱。其实被投进诏狱，就说明你这个人不简单，为什么呢？原来诏狱还是有一些名头的。诏狱也是监狱，不过它可跟一般的监狱不一样，不是你想来就能来的！

诏狱，主要关押一些九卿（相当于现在的部长）、郡守（就是今天的省长级别的官员）级别的高官罪犯，这些罪犯不能轻易被审理，需皇帝亲自下诏书才能审理。说白一点就是我这监狱是由皇帝直接掌管的，只有皇帝亲自下诏书才能定罪，在这里的罪犯，等级再低，多少也见得了皇帝的面。

现在明白了吧，在这里待的都是些牛人，都是些响当当的人物，都是犯了极高的罪或者直接得罪了皇帝。那些鸡鸣狗盗之辈，想进来门都没有。没办法啊，进了诏狱想不出名都难，王阳明被投进诏狱，实乃光荣，可谓是名气又大增。

自古英雄多磨难，当年大文豪苏轼，才华横溢、学识渊博，可是却一生仕途坎坷，多次被贬。官场总是那样的不尽人意，无奈之时，他只能写几首小诗，将个人情感寓于其中。

怎奈太多人嫉妒他的才华，历史上大名鼎鼎的"乌台诗案"就

发生在苏轼的身上，他以"文字毁谤君相"的罪名入狱，在狱中103天，惨受身心折磨，并且多次处在生死攸关的边缘。

如今王阳明又遇到了同样的惨事，他只是写了一份温和的奏疏，说了几句利国利民的话而已，为何皇帝就不能勇于纳谏，反而把他抓进这伸手不见五指的大狱之中，难道这是天妒英才？王阳明感叹着，为何自己在现实之中寻找圣贤之路是这么的坎坷，苍天啊，大地啊，我做错什么了吗？为何要受如此折磨？

2. 幽拘忧思

王阳明被关进诏狱的时间是正德元年十一月，十一月对南方人来说，还不算冷，因为南方地区一年到头都很少到零下，穿件单薄衣衫甚至可以过冬，可在北方就大不相同了。十一月的北京已经天寒地冻了，穿着厚厚的棉衣衫，家中生个火炉才能度过这寒冷的冬天。

如今王阳明是被投进了诏狱，监狱之中的人可没那么好的待遇，绝对没人给你生火炉的，甚至家人去探望都不可以，你说苦命不苦命。王阳明如今就是这样的处境，干冷的监狱把人冻得直打哆嗦，小小的窗户还经常刮进一阵阵冷风，没有厚厚的棉被棉衣御寒，只能蜷缩成一团，自己给自己取暖。

在这暗无天日，阴冷潮湿的诏狱之中，王阳明有些绝望了：我只因几句话就被廷杖四十然后投进大牢，天理何在？为官之人连说句话都要受此折磨，那以后谁还敢做官呀？世道乱了吗？明朝还有明天吗？想着想着，他内心更加寒冷了。

夜晚来临了，可是王阳明饱受身体和心理的折磨，哪里睡得着啊！他起身而立，搀扶着阴冷的墙面，在这伸手不见五指的夜里静静倾听着，夜越来越静，让人觉得可怕。面对如此悲催的现实，王阳明无可奈何，悲愤的心情可想而知，可他无能为力啊，只能将心中的压抑寄予几首小诗中。

现列其在狱中的一首小诗《不寐》，共同体会王阳明当时的悲惨境遇和悲怆心境。

天寒岁云暮，冰雪关河迥。幽室魍魉生，不寐知夜永。惊风起林木，骤若波浪汹。

我心良匪石，讵为戚欣动。滔滔眼前事，逝者去相踵。崖穷犹可陟，水深犹可泳。

焉知非日月，胡为乱予衷？深谷自逶迤，烟霞日悠永。匪时在贤达，归哉盍耕陇。

诗中多用比喻的手法，王阳明用"天寒"、"云暮"来比喻朝廷的混乱，用"魍魉"来比喻刘瑾等奸佞小人。从这些比喻中，我们可以看出王阳明内心的愤懑，皇帝昏庸，小人得志，未来在哪儿？他迷茫了，这时他再次希望归隐遁世，自得其乐。

3. 狱中读《周易》

在诏狱之中，偶尔写几首小诗发发牢骚还是可以的，可是出狱的日子遥遥无期，总得找点事来做，要不面对四面高墙，人都会发疯的。这时王阳明想到了西伯侯姬昌，当年文王拘而演《周易》，如今我也是在狱中，写不出《周易》这样的大作，总应该读一读体味一下吧，于是王阳明托人送来《周易》，开始认真解读起来。

《周易》是一部中国古代研究、占测宇宙万物变易规律的典籍，包括《易经》和《易传》两大部分，是建立在阴阳二元论基础上对事物运行规律加以论证和描述的书籍。其对于天地万物进行性状归类，天干地支五行论甚至精确到可以对事物的未来发展做出较为准确的预测。

这是一本极高深的书籍，蕴涵了神秘的道理，是古代帝王将相必读之书，当年的圣贤都从中找灵感，这就让王阳明更加想从中获取一些知识。

经过一段时间的仔细品读，王阳明确实从中找到了一些感觉：万物处于变化之中，但是变中又有不变，不变又是变化，如今，刘瑾等小人得势，总有一天，他们是要受到惩罚的，所以我现在不应该硬拼，而应全身而退，等候时机解救天下苍生。

想到这些，王阳明心里舒坦多了，万事万物都按照大自然的既定规律演变着，那我的命运自有它的轨迹，我隐忍，我等待！

4. 被贬龙场

王阳明在诏狱中，一边读着《周易》，一边悟着人生，日子还算潇洒，可他被关进监狱却急坏了亲朋好友，尤其是他的父亲王华。

试问天下哪个父亲不心疼自己儿女的？王华此时在家中急坏了，他在屋中不停地走来走去，希望能够想出办法解救儿子。天寒地冻的冬天，儿子在狱中穿不暖、睡不好，自幼儿子就衣食无缺，如今还被廷杖四十，有伤在身，哪里能经得起这番折磨，想着想着他就心如刀割。

现如今，阉党当政，皇帝说话不算数，如果想要救出儿子，唯一的办法就是去求刘瑾，可是为官正直的王华坚决不肯屈服。现在"八虎"当政，朝廷上上下下都一片不满，有的爱国之士甚至宁愿一死也不愿向刘瑾低头。

如今让王华去求刘瑾，这是绝对不可能的事情，王华读了一辈子的书，作为朝廷的父母官，怎么可以向这等卑鄙无耻的小人低头，对于王华来讲，这是他做官的原则，更是他做人的原则，即使王阳明知道了，按照他的脾气，宁愿一死了之，也绝不肯让父亲王华向这等小人低头。

让人意想不到的事情发生了，刘瑾竟然主动找上门来，原因主要有三：一是大太监刘瑾一直以来都很仰慕状元郎王华的才华；二是如今刘瑾掌握了朝廷的大权，要想管理国家，需要一批能人志士，像王华这样有才之人自会对朝廷有所用途，此时如果能够为刘瑾所用，那倒也不错；三是如果王华能够投靠刘瑾，那刘瑾就会二话不说把王阳明从监狱中解救出来，这样还有可能父子齐为他所用。

刘瑾的如意算盘打得倒是叮叮响，可他不知王华乃有气节之人，再三暗示之后，王华依旧不理不睬，终于，刘瑾受不了了，他将王华贬官南京。

王华的不理睬严重伤了刘瑾的自尊心，你不来，那你滚到南京去，你那诏狱中的儿子王阳明也不会有好日子过的。于是，在王华离开京城不久，王阳明也接到了发落指令——廷杖四十，贬官贵州。

看到这个贬官文书，真会让人不得不"折服"于刘瑾，他究竟是多小心眼啊。在明朝，贵州龙场乃不毛之地，地处偏远，穷山恶水，又被称为蛮荒之地，更严重的是，这里的居民刁钻野蛮，待着都会有生命危险的。

没错，王阳明就是被贬到这个鸟不拉屎的地方，然后给予了一个籍籍无名的职务——贵州龙场驿驿丞。驿丞这个职务究竟有多小呢，这么说吧，它一无品级，二为"贫瘠"，主要掌管驿站仪仗、车马迎送之事以及邮传迎送之事，这放在现在好歹是个乡镇邮政所长,可是在当时,就是个苦差事,得对过路官员笑脸相迎、笑脸相送。

可是王阳明依旧很开心,虽然算不得官职,很有可能又是个大的"监狱"(穷山恶水,荒无人烟,不像监狱像什么?),可摆脱了刘瑾的控制,不用蹲在阴冷的诏狱之中,那就是人生最美好的事情了,我还有什么不知足呢?

贵州龙场虽然是个不毛之地,可是王阳明在此却成就了非凡,上演了传奇,那我们拭目以待吧。

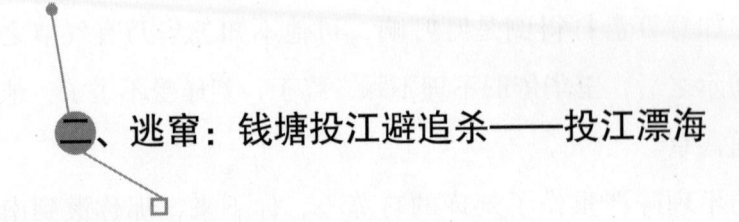

二、逃窜:钱塘投江避追杀——投江漂海

1. 亲朋送别

王阳明被贬龙场,可是这却不是小人刘瑾的最终目的,他早就对王阳明起了杀心,被贬是借口,暗杀才是真正的目的。无奈之下,王阳明不得不成为一名逃官,他为了生存,不得已投江逃避追杀。刘瑾太心狠手辣了,凭着一己之力,王阳明现在根本斗不过刘瑾。

作为一名贬官,王阳明不能在京城逗留太久,所以没过几天,他就踏上了前往贵州的曲折之路。

要走了,总会有亲朋好友来相送。此时,王华被贬南京,无法亲自来送别儿子,不过这些王阳明都理解。在狱中之时,王华不屈不挠的气节已为王阳明做出了榜样，所以他对父亲更多了一分崇敬。

在官场上，王阳明小有名气，也结交了不少朋友。只是此时，在刘瑾的威慑下，很多人都不敢来送别王阳明，但是有心之人还是偷偷托人送来了钱财干粮等。不过还是有几个义气兄弟来为他送行，其中有汪抑之、湛若水、崔子钟等人。

自古文人送别，大都吟诗作赋，以此来表不舍和祝福。例如李白的《送友人》、王勃的《送杜少府之任蜀川》、王维的《山中送别》等等，都是些脍炙人口的送别诗。这一次湛若水也送他两首小诗，在此展出其中一首：

天地我一体，宇宙本同家。与君心已通，别离何怨嗟？
浮云去不停，游子路转赊。愿言崇明德，浩浩同无涯。

文人送别，往往是有来有往，你送我诗，我也要适当回赠一下，例如李白的那首《赠汪伦》，简单的言语之中表达了对友人汪伦的深深情意。

这一次，王阳明回赠友人的诗中，有一首是女子写的，这让人不禁感叹，在风声这样紧的时刻，竟有女子勇敢地前来送别，可见这名女子的与众不同。虽不知这名女子为何人，但是能够成为王阳明的红颜知己，可见这名女子也并不简单，最起码是一名内外兼修的气质美女了。

2. 投江漂海，逃避刺杀

去贵州路途遥远，条件艰苦，可是没办法呀，再远也要去，在朋友的送别声中，王阳明依依不舍地转身离去。

走了几步，他再次回头望望朋友，望望京城，伤感之情油然而生：此次一别，不知何时才能回到这里，十一岁随父来到京城，一眨眼二十几年过去了，他对这片土地感情很深，他也深深爱着这个国家，他想在这片热土上建功立业，成就圣贤，可是朝廷抛弃了他，他不得不去贵州。

先别说贵州龙场条件有多艰苦，目前，王阳明就处在危机之中。卑鄙小人刘瑾并不是想把王阳明发配到山高皇帝远、条件恶劣的贵州，任其自生自灭，他的真正目的是让王阳明在去贵州的路上就向阎王爷报道，所以从王阳明出发那一刻起，刘瑾的杀手就藏在了暗处。

王阳明一路南下，这次离开，不知何时才能回来，更何况去那种蛮荒之地，能不能活着回来都是个问题，所以王阳明想趁着这次一路南下，回老家余姚探望一下自己接近九十高龄的祖母岑氏，可是就连这个简单的愿望，王阳明也未能实现。

原来在南下的路途中，王阳明察觉到刘瑾安排了专人盯梢，等待时机想对他下手，为了不连累家人，王阳明只能绕路而行。

可是杀手仍然跟着他，自己随时都有性命之忧，这让王阳明担心不已，难以入睡。睡不着那就好好想想逃亡大计吧，突然他心生一计，你们逼我，那我就逃！于是他提笔在所住的胜果寺墙上写下了一首绝命诗，然后穿戴整齐，独自来到了钱塘江边。

放心，王阳明不是想自杀，他只是想逃脱。在岸边，他脱掉衣服鞋帽，配合着那首绝命诗，制造了一个自杀的假象，他想就此偷偷逃跑。

只是，刘瑾的杀手已经跟上来了，王阳明一愣，前面是滔滔江水，后面是刀光剑影，反正都是死路一条，干脆搏一搏，于是他纵身一跃，跳进钱塘。月黑风高，在滔滔江水中，杀手们根本找不到王阳明的踪影，更何况，春寒料峭，江水冰冷，你投江逃跑不是死路一条吗？于是杀手们便放心离去，回去向刘瑾报告说王阳明投江自尽了！

3. 武夷漂泊，他乡遇故知

好在王阳明命不该绝，被江中商船救下。只是王阳明不敢久留，他怕杀手们再追上来，所以等船一靠岸，王阳明又要继续踏上避祸之路。可是邪乎的是，那夜狂风大作，原本开往浙江的商船竟被刮到了福建沿海。

不管到哪里，总得下船寻求出路吧，所以王阳明就近上了武夷山，想寻找一所寺庙休息休息。按他的想法和以前的经验，寺庙多会收留一些无家可归的人。走了一天，傍晚时分，他终于看到一座寺庙，于是他兴奋地上前叩门，希望能再次讨得一口热饭，度过安稳的一宿。

怎奈开门的僧人看到落魄疲惫的王阳明之后，便将他拒之门外。出家人本以慈悲为怀，这僧人怎是这德性，竟将未来的大圣贤拒之门外，真是狗眼看人低。出门在外，遭遇此事也无可奈何，疲惫不堪的王阳明只能在附近的一处破庙里将就一晚。

话说这一晚还有一段传奇故事呢，据说这山中有一老虎，每到夜里便出来觅食，附近的寺庙早就知道这件事情，所以寺庙僧人便将投宿行人拒之门外。行人无处可去，只能睡到破庙中去。当然，夜里便成了老虎的美食，而僧人第二天便可以去破庙中卷走行人的财物，这僧人心真够黑、真够狠。

第二天，僧人照例去破庙中搜寻财物，当他看到呼呼大睡的王阳明之时，极为震惊，他心想能够从虎口逃脱，此人必非一般人也。于是他赶紧叫醒王阳明，请入寺中。当王阳明听说这段奇特遭遇以后，不仅也吓出一身冷汗，原来自己昨夜竟在虎口之下却浑然不知啊，万幸，万幸！

在家靠父母，出外靠朋友。王阳明被莫名其妙地刮到了武夷，这里他人生地不熟的，能找到口饭吃活下去就不错了，哪里来的朋友。好在如今住进寺庙中来，有了安身之所。不过奇人就是奇人，他在这里竟然遇到了二十年前的故友！

当年王阳明奉家父之名去南昌和自己未来的媳妇完婚，不过他闲不住，于新婚之夜跑进深山寺庙，在铁柱宫遇见一个道士，并津津有味侃到天亮。如今一晃二十年过去了，王阳明竟在武夷又遇到了这道士，不过也正应了二十年前道士的那一卦，二十年后他们仍会相见。

他乡遇故知，王阳明不禁感概万分，他和道士相对而坐，把自己这些年来的经历，特别是这次从刘瑾杀手刀下逃脱，然后投江漂泊至此的悲惨遭遇娓娓道来，言语之中，伤感之情溢于言表。

老道士从王阳明的话中也听出他想归隐山林的打算，但是老道士考虑得还是比较全面，立马劝阻王阳明道："你的父亲和朋友都尚在朝中，你归隐了，若刘瑾不罢休，给你安个莫须有的罪名，将你的家人抓起治罪怎么办？"

听了道士的话，王阳明犹豫了，他要考虑家人的安危，所以不能就此一走了之，可是远赴贵州，不知能不能继续活下去，这也是个问题，而且未来的命运又将如何，他自己也不知道。

道士看出了王阳明的心思，于是帮他卜了一卦，卦象上说"内难而能正其志"，也算一吉卦，王阳明心里总算踏实了，打算继续赴龙场完成任务。其实嘛，王阳明饱读圣贤书，占卜算卦这种事他是不会相信的，老道士之前讲的一番话已让他心生动摇，如今只是万不得已，借着占卜，下个决心罢了，所以他决定远赴贵州！

4. 南京探父

经过一段时日的休息，王阳明要出发了，他别过道士，独自踏上征途。去贵州龙场路途凶险，此次一去，不知何时才能回来，所以王阳明打算绕道南京，去看看自己的父亲王华。

几日之后，王阳明抵达南京，见到了两鬓斑斑的父亲。看到父亲之时，他的心像被揪着一般，好痛好痛，因为只是短短的几个月，父亲苍老了很多，憔悴了很多，可见父亲为不争气的自己操透了心。

其实在此之前，王阳明自杀的消息早已传遍了京城，王华听说之后，老泪纵横，一夜之间头发白了许多，毕竟白发人送黑发人，是多么悲苦的事情啊！

如今，王华见到活生生的儿子，抱着王阳明就痛哭起来。一番安慰之后，总算止住了抽泣。王华看着瘦弱的儿子，问道："接下来怎么打算？"王阳明告诉了父亲自己打算去龙场赴任。

王华从小看着儿子长大，知道儿子的秉性，便鼓舞儿子说，此去贵州，条件艰苦，凶多吉少，但是吉人自有天相，你这一去，挺过来了，必会有大作为！家中的一切你莫挂念，我们都在背后默默支持着你，都是你坚强的后盾！王阳明听了父亲的鼓舞鞭策，内心踏实多了，心结也解开了。

又休养了一段时日，王阳明便告别了父亲，带着父亲为他挑选的三个仆人，向着偏远的贵州龙场进发了！

三、戍边：穷山恶水斗刁民——客场作战

1. 曲折旅程

贵州龙场，位于贵州西北部的修文县，地处偏远，是个在地图上一般都查不到的不毛之地。这里穷山恶水，刁民遍野，甚至在王阳明去之前，这里的人根本不会盖房子，只是住在山洞里。可就是在这样的蛮荒之地，王阳明顽强勇敢地生存了下来，并且让当地人心服口服！

离开父亲之后，王阳明一路南下，取道江西和湖南，赶赴贵州。那个年代，没有汽车和电力发动的轮船，出行最快的代步工具也就马车了，而去贵州的这一路，道路曲折，坐个马车都难，所以王阳明和随从们大都只能靠步行了。所以，这趟旅程少说也得好几个月。

一路南行，在江西境内路过上饶、鄱阳湖、萍乡等地。这一路，可谓是有苦有甜。苦的是经过一番的跋山涉水，当他路过条件艰苦的草萍驿等地之时，正好遭遇大风，而身体本身就不好的王阳明旧病复发，咳嗽起来，可真是闹腾啊！

甜的是，当他到达广信府时（今江西上饶），当地官员和知识分子热情地招待了他，好酒好菜，把酒言欢，也算是莫大的安慰

了。三个随从看到王阳明这么受欢迎，顿时觉得好有面子，最起码以后都可以吹嘘一番了。

离开上饶，王阳明又继续南行，翻山越岭路过鄱阳湖、江西分宜、萍乡之后，然后进入湖南境内。在湖南，又路过醴陵、湘江，经过洞庭湖，然后经沅陵、辰溪等地，由沅江支流沅水，进入贵州玉屏。再由玉屏经镇远、清平、龙里等地，到达贵州龙场。

这一路虽然坎坷曲折，但是苦中有乐，最起码还是有很多朋友没有忘记他，大家都对他崇敬有加，都在默默支持着他，心中的安慰掩盖了身体的病痛。正德三年春，王阳明终于到达了目的地——贵州龙场驿。

2. 穷山恶水

经过艰难险阻，王阳明终于到达了目的地。虽说在来之前，王阳明就知道这里是个不毛之地，提前做好了心理准备，可是到了一看，却更让他心寒不已。这，这哪里是人住的地方啊，地处偏远，山路十八弯，我费了好大劲才找到不说，这个驿站哪里称得上驿站，就几根柱子，几片茅草，连家徒四壁都称不上！

可是有啥办法呀，这就是龙场驿，我就是要在此处任职，苍天啊，还不如直接把我发配到原始森林里算了！

三个随从跟着王阳明之后，一个个都目瞪口呆，面面相觑："先生，这就是您要来任职的地方？您是不是走错了啊？"

"就是这里了，没错。"王阳明回答道。

三个随从瞬间石化了，坑爹吧，这是朝廷官员要任职的地方？连个完整的茅草屋都没有，还不如我一介草民的家呢，而且位于深山老林之中，前不着村后不着店的，半夜被狼叼走、被毒蛇咬死都不知道，这还不如直接让我死了算了。

可是这就是现实，这就是传说中的穷山恶水之地——龙场驿！既然这是现实，那就认命吧，只能老老实实待在这里了。可是连赶了几个月的路，骨头都快累散架了，总得先安顿下来吧，只是，这里没有个完整的住所，王阳明一行四人住哪里呀？

再累也得先找住处！经过一番考察之后，王阳明发现在这荆棘丛生，环境异常恶劣的龙场驿，除了山洞可以住，别无他处。好吧，好吧，山洞就山洞，先将就着再说，可是没住几日，王阳明和随从们就崩溃了。

这里的山洞潮湿阴冷，比监狱大牢还不如，晚上还经常有毒蛇、毒虫等不明生物出没，夜里想睡都不敢睡，这样下去哪里是个办法呀。

经过一番思考之后，王阳明决定自己动手，丰衣足食。他和三个随从们就地取材，从山上砍来木材，搭建了几间简易房屋住了进去。为防夜里野兽的侵扰，他们经常在夜里点起篝火，吓走野兽。这里啥都缺，就是烧火的柴火不缺，所以尽管烧吧。

你还别说，这个临时居住的这个山洞，只因王阳明在其中居住了几晚而出名了，并且流传至今，它就是传说中的"阳明洞"，如今已是贵州的省级文物保护单位。后来王阳明心情好转之时，还为此洞留下诗文一首，曰：

童僕自相语，洞居颇不恶。人力免结构，天巧谢雕凿。清泉傍厨落，翠雾还成幕。我辈日嬉偃，主人自愉乐。虽无剑戟荣，且均尘嚣数。

3. 智斗刁民

在王阳明来这里之前，当地居民大都住在山洞里，所以当王阳明和随从们自己动手，搭盖房子之时，很多当地人都跑出来凑热闹，几个胆大的人主动上前，向王阳明询问所建何物。雷吧，不过确实是这样，他们世代居住在这深山之中，根本没见过高屋大厦，更别说自己盖了，所以只能住在山洞里。

王阳明的到来，也算是当地人的福音，最起码跟王阳明学习盖房子技术后，以后就不用住阴冷潮湿的山洞了。

在王阳明来龙场驿之前，他就听说了这里"盛产"刁民。这里多为还未开化的少数民族，他们不会讲普通话，擅长用毒，天不怕，地不怕，经常到乡镇里偷盗抢劫，有时候直接去抢劫州府衙门，敢在太岁头上动土，你说他们恶不恶？当地官员拿他们没点儿办法。

这些都还是小事，杀人放火、下毒之事他们经常干，官员们怒了，就派兵去围剿，不过结果让人目瞪口呆，这帮刁民沿途埋伏，让很多官兵有去无回。不过两方相斗，哪有安然无恙的？经过几次的斗争，双方都有死伤，弄得这帮刁民更不爽了，关系更加紧张了。

除此之外，当地还有些会冲中原话的人，不过都是些从中原逃过来的，亡命天涯，穷凶极恶之徒。在这里，真是处处充满了危机。

不过王阳明相信，人之初，性本善，任何人都是可以教化的，所以当他面对这群刁民之时，给予了善意而又温暖的笑容。语言不通，他就比手画脚，通过肢体语言不厌其烦地教当地人盖房子，还经常唱歌给他们听呢。

龙场驿处于贵州的深山之中，蛊毒瘴疠，没过多久，王阳明的三个随从就病倒了，王阳明便做起保姆来。在王阳明看来，人人生而平等，没什么贵贱之分，所以他服侍随从之时一点也不觉得别扭。

在随从们生病的日子里，王阳明熬药递水、生火煮饭，像对待自己亲人一样，做得极为周到，这让随从们反而不好意思了。而王阳明的所作所为，当地刁民都一一看在眼里，记在心里。

一段时间下来，这帮"刁民"发现王阳明和其他的官员似乎不同，而且总是有一股莫名其妙的吸引力，特别是他对待随从的态度，极为亲和，所以他们便对王阳明放松了警惕，时间久了，他们的关系越来越融洽了。

后来王阳明修补房子、开荒种地之时，这帮人都来帮忙，就连那些穷凶极恶的中原逃犯都经常跑来找王阳明唠嗑，可见微笑就是对付"刁民"最好的武器。

而微笑，不止是一种表情，更是一种心情，一种心境！

身陷困境之中，是该微笑地面对一切困厄，还是该痛苦地品尝所有悲伤，不同的人，总会做出不同的选择。

也就是这些不同的选择，造就了人与人之间不同的心态和性格，同时也成就了人与人之间不同的人生和际遇！

而这些，简而言之，便是四个字——境由心生！

这句"四字真言"，姑且让我们肤浅地理解为这样：

顺境能够让人身心舒畅，大有平步青云之势，因此人人都渴望自己的人生一顺到底。可是，物极必反、盛极必衰，谁的人生能够自始至终都一帆风顺？有朝一日，一旦逆境来袭，那么，身陷逆境之中的人，是否就会从此一蹶不振？

现实生活中，顺则一飞冲天，逆则一蹶不振的人，恐怕随处可见。观察你的周围，是不是有人曾经意气风发，爱情事业双丰收，功名利禄俱得意，可是，一旦好运不再，或者行情不好，他们是否一直在走下坡路？

如果非要问得更具体一些，那你想一想，你的身边是否有这么一个人，他曾经得到某位公司高层的赏识和帮助，因此在顺境之中事事顺心，职位一升再升，薪酬一翻再翻。可是，一旦那位高层离任，那个人是否从此停滞不前，甚至稳步倒退。

这样的人，恐怕每个人身边都会有那么一个两个，因为人生的道路，永远不会是一条一往无前的直线，只会是一条波折起伏的波浪线。因此，在人生这场马拉松比赛中，势必会有得意，也会有跌倒，会有顺风的舒畅，也会有逆风的困难！

这就是老话说的：花无百日好，人无千日红。

既然人生难免会遇到低谷和逆境，那么，怎么样才能让自己逆风飞翔呢？

这个问题，用现在的话来问，倒也非常生动有趣，那就是：屌丝如何逆袭高富帅？

被困龙场的心学大师王阳明，就是用他的实际行动，回答了这个问题。

王阳明不是屌丝，他是官二代，但是，他这个高富帅的前半生命运，却比很多屌丝都更悲催。

君不见，王阳明立志成圣，却几番遭人讥笑；

君不见，王阳明参加科考，但多次遭人陷害；

君不见，王阳明初入官场，可接连遭人诬陷；

君不见，王阳明远赴龙场，却面对各种困难！

这样的命运，只能用周星驰电影里的经典台词来形容：天呐，谁能比我惨？

当然了，王阳明本人并不觉得惨，这是最重要的！

这就好比一个人非常可怜，别人觉得他很可怜，这并不悲哀，最悲哀的是，连他自己都觉得自己可怜，这才是真正的无可救药的可怜！

王阳明觉得，他的人生，虽有悲惨之处，但却没有悲哀的必要，因为那些悲惨的遭遇，只是老天爷对他的磨砺和考验。要成为圣人，就必须接受并且战胜这些考验，因为古往今来那几个为数不多的圣人，都是这样过来的。

好吧，既然我有幸能接受老天爷的磨砺和考验，那我就赶紧端正心态、面对挑战！

来吧，让暴风雨来得更猛烈些吧！

像我这种立志成圣的勇士，就要敢于直面惨淡的人生，更要敢于冲破困难的阻隔！

不就是见义勇为遭陷害吗？

没事，我不抱怨，更不埋怨，我接受他们的陷害，也接受命运的安排，只是，以后见义勇为的时候我会机灵点的。

不就是条件艰苦没福享吗？

没事，大不了我以天为被地为床，粗茶淡饭照样能活，更何况，我还能好好地亲近自然，好好地感悟成圣之道。

不就是穷山恶水出刁民吗？

没事，我不嫌弃他们，至少他们总比朝廷里那帮阉党要好吧。只要我对他们笑，我不信他们会对我哭。

王阳明就是以这种乐观坦然的心态，在龙场这个困龙之地，克服千难万险，悟透心学真谛，最终飞龙在天，将心学之光辉，遍洒千古。

境由心生，倒真暗合心学之要！

我们改变不了环境，但是能够改变自己的心境！

人生无法一帆风顺，但是我乐观的心态，能够让你逆风飞翔！

这个时候，恐怕依旧要用那段几乎所有人都耳熟能详的话来做一个概括：

天将降大任于斯人也，必先苦其心志，劳其筋骨，饿其体肤，空乏其身，行拂乱其所为。

陆 幽居山林、龙场悟道——道理悟了，潜龙终飞天

贵州龙场，地处偏远，蛊毒瘴疠，穷山恶水，环境极为恶劣，除此之外，这里的居民大都是世代居于此处的少数民族，擅长用毒，还经常进入城镇中偷盗抢劫，可谓是刁民遍野。可就是在这样恶劣的条件下，王阳明坚持了下来。

王阳明在这样的环境中没有倒下，他明白，"天将降大任于斯人也，必先苦其心志，劳其筋骨，饿其体肤"，所以他挺了过来，并且还找到了自己的生活方式，悟透了自己的成功之路，悟出了自己的"心学"，即心即理、致良知、知行合一。可以说，如果没有王阳明的龙场悟道，也就不会成就一代圣贤王阳明。

一、环境：苍莽山林自在居——生活环境很重要

1. 开荒垦田，苦中作乐

处于安静的环境中，人往往会更有灵感；处于艰苦的条件下，人往往会更有斗志；处于和谐的生活下，人往往会更有时间思考人生。

王阳明现在就处于这样的环境中，虽说龙场驿条件恶劣，可是久而久之，习惯就好；虽说这里与世隔绝，可是幽静自在，不被俗世烦扰；虽说没有美酒好菜，可是粗茶淡饭，倒也别有韵味，王阳明就在这样的环境下开始了悠哉的生活。

可是，理想是丰满的，而现实却是骨感的。初到龙场驿之时，王阳明和随从们是各种的不习惯，可是当他们不得不面对这个残酷现实的时候，也慢慢开始接受这样的环境。

王阳明一行四人，远在他乡，没有亲朋好友，甚至连几个说中原话的人都没有，所以他们几人便经常围坐在一起，唱唱家乡的小曲，说说家中的故事，以此来抒发对故乡的思念。可是时间久了，故事已经被重复太多遍了，大家都不爱听了，总得找点其他的乐子吧。

这个时候王阳明提议，我们自己去开荒种田吧。于是四个大男人便扛着镢头开始开荒了。龙场驿这地方，到处都是山，只要肯开荒，到处都是土地。所以王阳明和随从们也不用去山上开荒，就近在家门口干了起来。

他们先是把周围的大树砍掉，然后一把火把地上的荒草烧掉，这样就可以在被火烧过的土地上翻种庄稼了。这样做还有一额外的好处呢，房子周围空荡了，没有野兽、毒蛇的藏身之所，所以它们就更不敢靠近人类了，真可谓是一举两得。这种"刀耕火种"的生活方式获得了当地居民的一致好评，所以大家纷纷开始效仿。

2. 和谐相处，其乐融融

有了土地，接下来就要耕种了。可是像王阳明这样从小生活在贵族家庭的"高富帅"哪里懂得垦田种地呢？不过这不是个难事，王同志如今在当地居民心中已经树立了良好的形象，之前他还耐心地教当地人盖房子呢，所以请几个农夫过来教他们种田就轻而易举了。

所以不久以后，王阳明的家门口便呈现出这样一幅和谐景像：当地居民和王阳明一行在田里辛勤劳作，休息时余，他们又一起坐在田埂上喝水聊天，大家时而比手画脚的，而从这里时不时的传来一阵阵爽朗的笑声，好一派其乐融融的景象。

没过一段日子，田里长出了各种绿油油的蔬菜，真让人赏心悦目。一转眼，又到了丰收的季节，看到田里的累累硕果，王阳明和随从们会心地笑了。在这样恶劣的环境下，或许只有这种自给自足的生活，才最有乐趣，最能让人找到满足感。在这种自得其乐的生活环境下，王阳明还作了这样一组田园诗呢：

方园不盈亩，疏卉颇成列。分溪免瓮灌，补篱防家豕。芜草稍焚尽，清雨夜未歇。

濯濯新叶敷，荧荧夜花发。放锄息重阴，旧书漫坡阅。倦枕竹下石，醒望松间月。

起来步闲谣，晚酌檐下设。尽醉即草铺，忘与邻翁别。

经过这些日子的朝夕相处，王阳明和当地居民的关系更加融洽了，王阳明又是个闲不住的人，所以他经常在闲暇时余，跑到别的居民家里，给他们讲一些中原的故事，教他们唱中原的歌曲。在王阳明的影响下，当地居民没有了凶神恶煞，表现出来的只有淳朴善良。

3. 复归平静，幽居自在

莽莽山林，在王阳明的带领下，显得极有生气和活力，大家一起伐木开荒、耕种劳作，生活过得逍遥自在。生活环境在大家的共同努力下，发生了翻天覆地的变化。

一转眼，又到了春天，万物复苏，花开鸟鸣。王阳明看到这番景象，心情好极了，这不正是自己一直追求的归隐生活吗？能在这样幽静的环境中自在生活，自己还有什么不满足呀，比起官场的嘈杂，这里舒服多了。心情好了，就应该吟吟诗，所以在这样幽居自在的环境中，王阳明又写了几首小诗，其中一首为：

投荒万里入炎州，却喜官卑得自由。心在夷居何有陋？身虽吏隐未忘忧。

从简单的诗句中我们可以看出，王阳明爱上了这种幽居自在的生活，而且他的心境也发生了很大的改变，不再像以前那样沮丧颓废，开始乐观面对生活。

二、处境：龙冈书院可训民——群众基础也重要

在龙场驿期间，王阳明的日子过得悠游自在，除了写写诗，种种田之外，他还经常给当地居民讲述一些中原的礼仪生活习惯，甚至在这穷山僻壤之中开起了书院，办起了学堂，教授当地人一些基本的文化知识，也正是这种乐观的心态，成就了与众不同的王阳明。

1. 居民共同建书院

在龙场驿的日子里，王阳明与民为善，经常乐呵呵地帮助当地居民做一些力所能及的事情，为他们排忧解难，因此王阳明在当地人心中留下了极好的印象。

中国有句古话："滴水之恩，当涌泉相报"，所以大凡心地善良之人，都懂得知恩图报。龙场驿的居民们本就淳朴善良，所以当王阳明为他们做了那么多好事之后，他们也想做点什么来回报王阳明。

这个时候，有人突然提议："我们为王先生重新盖一个院落吧，你看王先生现在住得过于简陋，我们人手多，用王先生教我们建造房屋的技术，应该很快就可以为他们盖成一所大房子了。"

大家听了之后，纷纷叫好。又有人回应道："咱们也没啥东西

回报王先生，多的就是力气"。

商量妥定之后，大家便决定于次日动工。第二天，王阳明的家门口出现了一群男女老少，他们自发组织起来，有的伐木，有的挖地基，有的则端茶递水，没过一段时间，一处宽大舒适的院落就建成了。这些居民想得很周到，还专门建了一个凉亭供王阳明乘凉避日呢，这所凉亭后来被王阳明冠以"君子亭"的美名。

当居民们把这所新的"官邸"送与王阳明之时，王阳明感动极了，如此善良的居民，如此和谐的生活，我夫复何求！

王阳明心想，既然房子是老百姓送的，那我也应该回报他们点什么吧，我现在时间多了去，而我就利用这所房子给老百姓讲学。既然讲学，那这所学堂总得有个名字，那就叫"龙冈书院"吧，从此以后，名载史册的龙冈书院便诞生了！而这处院落，既是王阳明在贵州龙场驿的居所，也成为王阳明传道授业的场所。

2. 传道授业

王阳明在龙岗书院开始了自己的教书育人生涯。起初，由于言语不通，王阳明只能教授他们一些基本的文化知识，时间久了，王阳明便向他们讲述自己的人生理想。

王阳明从小就立志要做圣贤，而他的圣贤之学是高深莫测的，即使是那些饱读诗书之人都很难懂得，如今在这样偏远的贵州山区，就更少有人会懂这么高深的学问了。

可是王阳明是个执著之人，他相信总有人会明白的，所以他便不厌其烦、一丝不苟地向大家传授这些知识。时间久了，在王阳明强大精神的影响下，大家开始有点明白了，但是这么高深的学问还需细细琢磨，慢慢顿悟。

一段时间之后，大家发现这位王先生满肚子都是学问，而附近听过王阳明大名的知识分子，听说王阳明在此讲学，也纷纷慕名而来。

王阳明在龙冈书院教书育人的主要场所是一间宽敞明亮的大房子，他为这间房子取名为"何陋轩"。为了纪念这件事，他专门写了一篇《何陋轩记》，文曰：

"昔孔子欲居九夷，人以为陋。孔子曰：'君子居之，何陋之有？'守仁以罪谪龙场，龙场古夷蔡之外，于今为要绥，而习类尚因其故。人皆以予自上国往，将陋其地，弗能居也；而予处之旬月，安而乐之，求其所谓甚陋者而莫得。独其结题鸟言山栖羝服，无轩裳宫室之观，文仪揖让之缛，然此犹淳庞质素之遗焉……"

原文很长，但是从这篇文章之中，我们可以看出王阳明已经喜欢上了这种怡然自得的日子，即使环境简陋，只要心态放好，再简陋也可过得逍遥自在。除此之外，从这篇文章之中，我们也可以略略看出一些王阳明的信念，他相信，再食古不化的人都可以改变，所以他的思想总有一天也会被别人所接受。

王阳明就是在这样的环境下生活着，而他的思想也在茁壮成长着。

3. 太守逼难

王阳明在龙冈书院孜孜不倦地传道解惑，他没招惹任何人，日子过得可谓是逍遥自在，不过有人开始心生嫉妒了。

找茬的人不是别人，竟是当地的父母官——思州太守。这个太守为啥会来找茬呢，原因主要有三：

一是山中这群冥顽不灵的"刁民"太可恶了，我多次派兵围剿都拿你们没办法，没想到一个小小的龙场驿驿丞没有花费一兵一卒就把你们治得服服帖帖，他有什么邪门歪道，你们竟如此听话，这是你们在讥讽本官。

二是你个王阳明究竟有何德何能，竟然这帮"刁民"会自发自愿为你搭建院所，虽然这院所比起我的官邸简陋无比，不过这是你们一起给本官的下马威吗？

三是王阳明你一个被朝廷外放、不入品级的驿丞，初来之时不前来拜访本官员，这件事我就不追究了，可是如今，你竟然敢在我的地盘上聚众讲学，还不向我通报，你眼中有没有王法了！这且不说，你不知讲了一些什么邪门歪道，竟然有那么多的群众支持，你这是制造动乱，制造社会不和谐！

依仗着这些莫须有的罪名，思州太守派出一帮穷凶极恶的流氓官兵前来龙冈书院砸场子了。他们到了之后，不管三七二十一，就冲着书院大喊大叫，什么脏话他们都讲出来了，完全没有一点素质。

王阳明不和这帮人一般见识，任他们怎么说，王阳明就是理也不理，那心态真叫人佩服啊！这帮流氓官兵见王阳明如此态度，终于忍不住了，于是他们挽起袖管，冲进厅内，打算闹腾一番。

当地居民看到这般情景，再也忍不住了，于是，一场小范围的斗争开始了，具体过程不详而知，但是结果却让人乐开了花，那群流氓官兵一个个抱着头，逃出了龙场驿。

回去之后，这群无用的官兵自然遭到上司的血口大骂，不过这让思州太守更加愤怒了，你个小官，竟然敢打上司的兵，不想混了，不让你吃点苦头我就不罢休！

于是，思州太守跑到上司那边告状去了，他找到了贵宁道按察司副使（相当于现在贵宁市检察院副院长）毛应奎，开始了他黑白颠倒的功夫。他污蔑王阳明不服当地政府管教，聚众闹事。

不巧的是，这位毛副使是王阳明的老乡，碍于情面，他既不便于惹怒官员，又不便于得罪王阳明，于是他就做了个中间人，一边安抚太守，一边写信让王阳明道个歉。

王阳明可不是吃素的，我没有错，干吗要道歉，但是他也没有直说，而是写了封极有文采的回信，大致意思就是来闹场的人和太守没关系，当地居民看不惯他们的行为自发进行了抵抗，我并未指使他们，所以我和太守并无关系，这又何来的道歉呢？

如今我没错，却要向太守道歉那不是自取其辱吗？更何况我王阳明居住于此毒瘴之地，早就将生死置之度外了，我还怕啥？所以太守要加害我，我就当作是瘴疠虫毒等，怎么会因此动心呢？

思州太守看到这封信之后，备感惭愧，差点就主动去上门道歉了。所以太守逼难这件事就这样相安无事的过去了，而王阳明的生活又归于平静。

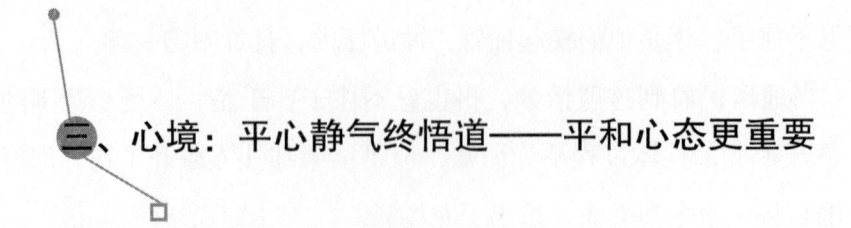

三、心境：平心静气终悟道——平和心态更重要

1. 心即理

生活复归平静，百姓安居乐业，王阳明也就没有什么可操心的

了，那剩余的时间他要做点什么呢？当然是悟道。如今他悠然自居于此，与天地万物融为一体，更是个悟道的好机会，所以他便思索着该如何继续自己的圣贤之学。

手头的繁杂事务都处理完毕了，如今，王阳明备感平静。没有俗世的叨扰，没有官场的钩心斗角，真是有种"久在樊笼中，复得返自然"的感觉，这样的环境，总让我心生感触，可是那种感触是什么呢？王阳明久思不得其解。

一日，王阳明静坐于自己的房间内，带来的书籍早就读完了，所以，此刻他便静静地坐着回忆以前读过的书籍，修炼格物功夫，而他的那种静是一种难以言喻的静。慢慢地，他进入了冥思静想的状态。

接下来的一段时日里，王阳明经常这样静坐着，格物致知，苦思冥想。一天深夜，随从们都在呼呼大睡，突然间，王阳明一个跟头跳了起来，大喊"我悟到了，我悟到了！"王阳明的这一举措把沉睡中的三个随从都吓醒了，大家以为王先生中了邪，赶快扶他坐下，安抚起来。

原来这一夜，王阳明压根就没睡着，他的大脑一直在飞速运转着，他感觉像是有什么东西要从脑海中蹦出来一般，充斥着大脑。突然，孟子走进了他的脑海中，对他讲解起了《大学》，"格物，致知，诚意，正心……"忽然，王阳明豁然开朗了。

他悟到了，《大学》里说的"格物"根本就不是像朱熹所说的那样，从枝枝节节去推求事物的原理那简直就是大错特错，整天对着物品"格"是毫无启发的。《大学》里所说的"格"，其实就是"正"的意思，正其不正，便归于正。而"物"乃由心生！

圣人之心与天地万物相通，圣人之道，天地万物的对与错，是

陆 幽居山林、龙场悟道——道理悟了，潜龙终飞天

103

先天就存在于"我"的心中，根本不用去外界寻找。心外无理，心外无物，"理"和"物"都在心中，心能包罗万事万物，因为"心即理"。

2. 致良知

"心即理"是王阳明在这一晚悟到的第一个部分，他还顿悟了"致良知"。

王阳明悟到，人的心是强大的，人心中的想法则是禁锢不了的，"理"即人心中之物。人具有"为善去恶"的本领，这就是格物。

像《大学》里所说那样，"格物"而后"致知"，"致知"就是在"格物"的基础上认识事物，"知是心之本体，心自然会知"，而知孝悌，动恻隐，便是"良知"。

放到现实中来，"格物"而后"致知"就有点像在做事情之前，内心先勾画好蓝图，然后再付诸于实际。而接下来的行动，或许会和原来勾画好的蓝图有所差异，而这便由人的主观能动性所决定了。

所以"良知"便是心中那最善良的部分，没有私意，没有杂念，当心中无私意杂念之时，便达到了"致良知"的目的了。以此类推下去，便有了"格物、致知、诚意、正心、修身、齐家、治国、平天下"，这是人心境界在一步步提高啊！

而王阳明的"致良知"学说，点睛之笔就在于那个"致"字。

"致"是一种动作，也是一种结果，更是一种状态，至于所谓的"致"良知，则不仅有学习、寻找、体会、运用良知的意思，更有"达到"良知的境界这样一种结果。

"致良知"三个字，看似简单易懂，但要解释起来，却绝非三言两语能说明白。

因此，这里有必要引入一段历史上非常有名而且有趣的偈语。

身似菩提树，心如明镜台。时时勤拂拭，勿使惹尘埃。

这四句偈语是禅宗大师神秀所作，意思是说，每个人的身体身体和心灵都蕴涵了佛家之真如，大家需要不断地反省内心，以免心灵沾惹了尘埃，蒙蔽了光明。

这个道理，倒与王阳明对"良知"的理解有不谋而合之处。王阳明也认为，每个人的心中都深藏着良知，但是，有的人之所以会作恶，并不是因为他们良知泯然，而是因为他们的良知被外界的诱惑蒙蔽了。

因此，大家就需要时常拂拭内心的尘埃，以免被红尘俗物蒙蔽，做出违背良知的事情。

针对神秀大师的偈语，禅宗六祖慧能大师也做了四句偈语，以其更浓厚的禅意和更精深的禅理，予以升华，诗句如下：

菩提本无树，明镜亦非台，本来无一物，何处惹尘埃。

这四句偈语所用的文字，与神秀大师的偈语非常相似，但是意思却大相径庭，而且比之高深了许多。

试想一下，菩提原本没有树，明镜也并不是台，它们本就是虚妄无物，那又怎么会染上尘埃呢？既然没有尘埃，那么，何须像神秀大师说的那样时常拂拭？

正所谓，心本无尘，然而，人们心中对世间事物的挂碍，便成了心中之尘。这种心尘，如何才能拂拭干净？

慧能大师的回答便是：当你明心见性以后，你就会发现，世间的万千事物，都不过是过眼云烟，终将化为虚妄。既然终成虚妄，又何必执著，何必挂碍！只要你不执著，不挂碍，那这些尘埃就不

陆 幽居山林、龙场悟道——道理悟了，潜龙终飞天

105

会成为心中之尘。

这种心境，继续发展下去，就能达到心既尘、尘既心的境界！

而发展到极端，就是心中无尘、尘中无心的境界！

不得不说，这些道理，非常深奥，非常复杂，非常难以理解。大家如果实在理解不了，也不要太执著，太挂碍，因为慧能大师的意思，就是劝诫我们不要太执著、太挂碍！

因此，我们只需要将这些深奥的道理，转化为一个大家耳熟能详而且喜闻乐见的道理就可以了，这个道理就是武学的三重境界：

第一重：手中有剑，心中也有剑！

第二重：手中有剑，心中却无剑！

第三重：手中无剑，心中亦无剑！

好了，禅宗两位大师的偈语介绍完了，大家不要再执著地纠结那两首偈语，更不要痴迷于武学的三重境界，因为王阳明大师的"致良知"，似乎比他们都更胜一筹！

神秀大师不是说：心中有尘埃，因此需要时常拂拭吗？

慧能大师不是说：心中有尘埃，是因为大家挂碍世间诸相，因此希望大家不要执著于那些终将成为虚妄的尘埃，这样就能达到心即尘、尘即心，甚至无心无尘的境界吗？

王阳明大师则说：每个人心中都有尘埃，因此良知被其遮蔽。

王阳明大师还说：这些蒙蔽良知的尘埃，确实是因为大家挂碍世间万物，被其诱惑所致。

王阳明大师更说了：这种挂碍，这种心尘，本就是人之天性，不是虚妄，更不是洪水猛兽。大家要像神秀大师说的那样，经常拂拭这些尘埃；也要像慧能大师说的那样，不要对世间诱惑太执著；但是，大家更应该明白，只要是人，就会有牵挂，有执著。我们需要做的，不是彻底摒弃这些牵挂和执著，而是应该学会筛选和控制！

筛选什么？控制什么？

人心中的牵挂和执著，有的是善良的良知，有的是邪恶的欲望，我们需要筛选出良知，并且控制住欲望。

这就好像西方哲学的那套理论：每个人心中都住着一个天使，同时也住着一个魔鬼，我们需要释放天使光辉，同时控制魔鬼作祟。

总而言之，对于那些邪恶的欲望，我们应该像神秀大师说的那样，时时勤拂拭；也应该像慧能大师说的那样，不要执迷于邪恶的欲望，最后被邪恶控制。但是，对于那些善良的良知，我们就不能像神秀大师说的那样，将其拂拭出去，同时，我们也不能像慧能大师说的那样，不坚持、不执迷，相反，我们应该保留并且发扬这些良知。

不得不说，以上内容，非常拗口，我们还是简单地归纳成一句话吧：尘埃也有好有坏，我们不能不分好歹，统统扫地出门！

在这里，让我们重新回顾一下王阳明身上发生的那件趣事儿。

当初王阳明在杭州养病的时候，曾经破坏了一位虎跑寺的得道高僧的三年枯禅。

当时王阳明问那个和尚：你想你母亲吗？

和尚回答说：想，当然想，怎么可能不想？

王阳明的回答是：想也很正常，不丢人，这毕竟是人之本性嘛。既然你想她老人家，那你干嘛不回去看望她，在这枯坐着算个什么事儿！

陆 幽居山林、龙场悟道——道理悟了，潜龙终飞天

107

这一次对话，似乎就是王阳明对"致良知"学说的第一次运用。和尚对母亲的思念，就是出家人的一种执念，但是这种执念却是善良的良知，不应该拂拭，更不应该摒弃，而应该发扬。

而和尚的这种思念，就说明他有良知，也懂良知。但是，有和懂，只能算是"知良知"，却不能算是"致良知"！

思念母亲，就回去看望她，拿出实际行动来，才是既"知良知"，又是"致良知"！

而这种知与致的关系，也就演变为了王阳明的另一个影响深远的学说——知行合一！

3. 知行合一

而这一晚，王阳明顿悟的最重要的一条则是"知行合一"。"知行合一"主要来自于《周易》的启发。

在这一晚之前，王阳明就把《周易》反反复复回忆了很多遍。当他想到《周易》中阴阳相对之时，他悟出了事物都有矛盾对立的两个方面，而二者在一定的条件下，是可以相互转化的。而自己身处不利环境之中，总有一天会有所转换的，因为苦与乐是相对的，关键看自己怎样理解。这就如老子所说"祸兮，福之所伏；福兮，祸之所依"。

王阳明还从《周易》中看出，万事万物都处于变化之中，所以为人处事也要善于包容外物，不要以硬碰硬，有时退一步，反而会海阔天空，反而会收到意想不到的结果。

而这一晚，王阳明心中也在不断重复司马迁的那句耳熟能详的话"文王拘而演周易，仲尼厄而作春秋"，《周易》中所讲的一切，不正也诠释了司马迁的这句话吗？这一切，不正是天人合一吗？

而"知行合一"则包含在《周易》之中,首先知行互容,知是行之始,行是知之成;其次知行并进,有知有行;最后行而后知,很多事情都要亲身经历之后,才知其好坏。这就是事物的对立两面,这就是事物的相互包容和转换,这就是"知行合一"。

从"心即理"到"致良知"再到"知行合一",这不就是我所悟的道吗?

王阳明想到这些,心中释然了。而王阳明的"龙场悟道",便就是我们所知的"心学"。因此王阳明在龙场生活的几年,特别是"龙场悟道",为他成为圣贤奠定了坚实的基础。

柒 漳南之役：书生纸上谈兵——读书还是有用的

很多人都知道，一个成功的男人背后，一定会有几个时不时出手相助的贵人。

但是，很少有人知道，成功的男人背后，更多的是一群时刻出阴招、下狠手的奸诈小人！

所以，可以这么说，很多人的成功，是帮出来的，更是逼出来的！

毫无疑问，王阳明绝对是一个成功的男人！

而他的成功，七分靠自己打拼，剩下三分，则应该感谢一些人。

首先，他应该感谢以刘瑾为首的"阉党集团"，如果不是这群阴险小人的迫害，他就不会被贬到龙场，如此一来，他将心学融会贯通的"龙场悟道"就无从谈起了！

其次，他应该感谢以杨一清为首的"文官集团"，如果不是这群正人君子的努力，压在王阳明头上的那座大山——以八虎为首的阉党，就不会被清除干净，而王阳明这头被困龙场的潜龙，就更不会有飞龙在天的机会。

最后，他应该感谢以湛若水为首的"亲朋好友"，如果不是他们这些情深意重的知己，王阳明恐怕就会被遗忘在那遥远的龙场。

说了这么多，王阳明只是想感谢那些让他跌倒的人，因为他们让王阳明学会了坚强；同时，也感谢那些扶他起来的人，因为他们让王阳明看到了希望。

现在的王阳明，就像一位打通了任督二脉的高手，迫切需要一个大展拳脚的舞台。

这个舞台，名叫天下！

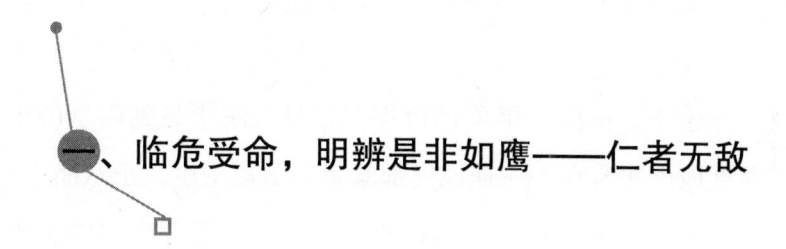

一、临危受命，明辨是非如鹰——仁者无敌

1. 飞龙在天

龙场，困龙之场，飞龙之地。

这样一个穷山恶水的地方，对于王阳明来说，却是潜龙在渊。他在这里不仅悟通了心学的要义，更是躲过了朝廷的一场险恶风波。

这场风波，是这样一个故事：一群光明磊落的正人君子，用一些不太光明磊落的手段，铲除了一群极其不光明磊落的阴险小人。

这段话有点不顺畅，而这个故事的过程，也像这段话一样不顺畅，甚至，可以说非常的复杂惊险！

但是，这个故事的结果，却像很多童话故事一样，光明压倒了黑暗，正义战胜了邪恶，好人从此美名扬，坏人都没得到好下场！

只可惜，这么好的露脸机会，王阳明不仅没成为力挽狂澜的英雄，反倒成了最后被英雄解救的"迷路小羔羊"。

当然，这一点也不会影响王阳明先生在历史上的光辉形象，因为，接下来在他身上发生的一系列故事，都将是千古传诵的"丰功伟绩"。

而这一系列的"丰功伟绩"，就是从接下来的八封升迁令开始的！

第一封升迁令：正德五年（1510年）三月，被贬龙场多年的王阳明，终于迎来了盼望多年的升迁令——升任庐陵知县，正七品。

第二封升迁令：正德五年（1510年）十二月，庐陵知县的位置还没坐热，王阳明又升官了——升任南京刑部四川清吏司主事，正六品。

第三封升迁令：正德六年（1511年）正月，刚刚赶到南京的王阳明，习惯性地再次升官——迁调吏部验封司清司主事，正六品。

第四封升迁令：正德六年（1511年）十月，屁股没坐热的王阳明，又一次马不停蹄地赶往下一间办公室，升为文选清吏司员外郎，正五品。

第五封升迁令：正德七年（1512年）三月，王阳明再次升官，升考功清吏司郎中，正五品。

第六封升迁令：正德七年（1512年）十二月，王阳明继续升官，升南京太仆寺少卿，正四品。

第七封升迁令：正德八年（1513年）十月，王阳明不断地升官，升调滁州，督马政。

第八封升迁令：正德十一年（1516年）九月，王阳明被兵部尚书亲自点名，高升为都察院左佥都御使，巡抚南、赣、汀、漳等处，正四品，而且有权、有势、有靠山！

八年时间，八封升迁令，时间短的只隔了两个月，时间长的也才隔了两年，从龙场"脱困"之后的王阳明，仅仅用了八年时间，就从一个没品、没级、没人理的芝麻官，一跃成为有权、有势、有靠山的四品大员，这速度，不说前无古人、后无来者，至少也是古来少有吧！

如此频繁的升迁调任，充分说明了一个问题：当时的王阳明，是一个有人气、有人脉更有人缘的牛人！

回想曾经，龙场那几年，王阳明虽然龙游浅滩，但是还好没有搁浅，现在，他终于迎来了飞龙在天的这一天，终于可以像刘德华一样，大声地唱一首歌：等了好久，终于等到今天；梦了好久，终于把梦实现，那前途漫漫任我闯！

2. 烫手山芋

八年时间，八次升迁，这可是祖坟冒青烟的好事啊，一般人当场就跪旨谢恩，屁颠屁颠地走马上任。

可是，王阳明这种从小就梦想当圣人的人，怎么可能是一般人！

历史赋予王阳明的使命，就像电影赋予蜘蛛侠的使命一样，哪里有难，你就扑向哪里！

With great power, comes great responsibility！

英文很神奇，中文更神奇，因为power不仅指能力，也指权力！

所以，这话由王阳明说出来，就变成了权力越大，责任越大！

这个道理，王阳明当然明白，事实上，从他立志做圣人的时候开始，他就做好了肩负起改造大明子民思想的责任！

这样的责任，重于泰山！

为了肩负起这样的责任，王阳明时刻准备着！

但是，当责任突然落到他肩膀上的时候，他却发现，责任来得太突然，实在是让他防不胜防！

接到最后那次由兵部尚书指名道姓的升迁令后，王阳明都快急哭了（惊惶感泣）。

为什么？因为这差事可是个烫手山芋，一个不慎，小命都要赔进去！

大家也知道，明武宗朱厚照是个彻头彻尾的叛逆皇帝，在历史上的名声一直不好，人送绰号"大明第一潇洒帝"。他当皇帝那些年，妞没少泡、祸没少闯、奸臣没少用、忠臣没少杀，整个大明江山，简直被他一个人弄得乌烟瘴气、民不聊生。

老百姓上有老、下有小，一日三餐，必不可少，明朝那时候又没有低保、医保之类的福利政策，日子过不下去了，怎么办？

好嘛，潇洒帝你不让我们活，我们就不让你享受生活！

百姓们一合计，干脆落草为寇，当强盗土匪去！

正德三年（1508）开始，赣、闽、湖、广四省的边境地区，盗匪四起、日渐猖獗。大伙儿有事没事就去打家劫舍、劫富济贫，弄得赣、闽等省的地方官人人自危。

朝廷看这苗头不对，若不尽早扼杀，搞不好朱元璋造反打下来的大明江山，又要被别人造反推翻了！

镇压，盗匪集团必须尽早镇压！

正德六年（1511）夏，朝廷开始派人去江西、福建等地剿匪。不过，盗匪们虽然都是农民土著，书没读多少，但是暂避锋芒、东躲西藏之类的保命战术却还是懂得的。

就这样，你攻东边，我躲西边，你攻北方，我躲南方，官匪玩起了躲猫猫。朝廷剿匪多年，毫无成效，期间的几任剿匪负责人，死的死、辞的辞，一时间，京官们谁都不愿意接这烫手山芋了。

3. 临危受命

于是，王阳明站了出来！

确切地说，王阳明是被人推了出来！

推他出去的，正是时任兵部尚书（一品大员）的王琼！

说到这王琼，历史倒也有些争议。王琼这人是正儿八经的进士文官，但是呢，他当官却非常油滑，一点都没有读书人的傲骨，什么溜须拍马、见风使舵之类的官场技巧，他运用自如，全然不在乎同僚们鄙视的目光。

"八虎弄权"那会儿，王琼还跟大太监刘瑾等人关系暧昧，整天跟在阉党屁股后面套近乎、拍马屁，引得不少"傲骨迎风"的正直官员口诛笔伐。

不过呢，有些人拍马屁是为了帮自己谋差事，有些人拍马屁却是为了帮百姓办实事，王琼则属于后者。

可以这么说，王琼跟"八虎"混，为的是明哲保身；他拍刘瑾等人的马屁，为的是提高办事效率。

你想啊，"八虎弄权"时期，"潇洒帝"朱厚照压根不管事，朝廷事务，几乎都由刘瑾决定。王琼跟他称兄道弟，一旦有事相求，刘瑾等人当然麻利地签字盖章，办事效率和成功率不就提高了很多嘛！

或许就是因为王琼这人当官灵活，从正德十年到正德十五年，短短五年时间，连进"三孤"（少保、少傅、少师）、"三辅"（太子太保、太子太傅、太子太师），荣勋如此，明朝少见。后其逝世，明朝追赠其为"太师"，史书将其与于谦、张居正并列"明朝三重臣"。

这就是王琼，知人善任、狡猾灵活的王琼！王阳明被这种人点名，也算不幸中的万幸吧！

当然了，王阳明可不这么想！

南、赣、汀、漳四府，环境复杂、盗匪凶悍，我一介书生，担此剿匪重任，也太为难人了吧！更何况，我这人虽然才华横溢、文武双全，但是，我从小身子骨弱，现在又一把年纪了（当时他45岁），哪里经得起行军打仗的折腾啊！

王琼你好歹跟我爹同朝为官，跟我私底下也有些交情，犯不着这么整我吧！

这活，不能接！

王阳明很有自知之明，委任状一下来，他立马上奏吏部，罗列了三个理由，言辞恳切，要求吏部撤销任命。当然了，王琼以及吏部官员直接忽略了王阳明的请求，同时，连下四道批复，说什么事情紧急，"不许辞避迟误"，赶紧上任去吧！

得，事已至此，再推迟就是抗命了，王阳明没办法，临危受命，豁出去了！

正德十二年正月，王阳明长途跋涉，终于从京城赶到赣州。

二、指点江山，运筹帷幄如龙——智者无惑

1. 走马上任

当时盗匪猖獗、寇乱严重，老百姓的生命财产安全受到严重的威胁。王阳明秉承着"要么不干，要干就要干好"的工作态度，于正月十六日正式开府，并向赣、闽、湖、广四省发文，宣布"老子上任了"！

不得不说，读书真的很有用！

王阳明作为一代文豪，锦绣华章自是信手拈来。远的不说，就说他这封宣布上任的公文《巡抚南赣钦奉敕谕同行各属》，简单一封文书，却硬是写出了兵法的精髓！

原文就不说了，简单说一下重点：

第一点，兵战之道，无非攻守；攻守之策，因地异宜。

这个主要侧重于讲地理形势，他要求各地仔细侦查盗匪所在区域的地形，什么山川险隘、道路交通，都要摸清楚，以免盗匪随便找个旮旯就躲了过去。

第二点，兵卒军备，敌情虚实；知己知彼，克敌制胜。

这个是要求各地如实上报自己的财政供给、甲兵储备，同时还要派出间谍、特工之类的稀有兵种，刺探敌情、打探虚实，这样才能知己知彼、克敌制胜。

第三点，侦查考究，切合实际；兵法战术，灵活变通。

这一条解释起来就比较复杂了，总之一句话，打仗要动脑子，别捧着本盗版的《孙子兵法》依样画葫。

上述公文其实写得也很空洞，没太多实质内容，也就相当于剿匪的战略总纲。

总纲颁布了，接下来就该实施具体改革措施了，不然别人还以为他王阳明只会说那些"假大空"的官话呢！

接下来，就是王阳明的show-time了！

2. 十家牌法

前面说了，王阳明上任前，朝廷多次派兵剿匪，但是成效甚微，为什么？

答曰：间谍！

当然了，那时候的间谍不像现在的美国中情局、国安局之类那么厉害，但是，打探一点消息还是绰绰有余的。每次剿匪前，消息走漏了，盗匪藏了起来，跟官兵躲猫猫，成效自然不大。

针对这个问题，王阳明干脆提出了一个口号——御外之策，必以治内为先！

对于这个口号，各位看官有没有一种似曾相识的感觉？

关于"御外治内"的理论，自古多见，管仲就曾为齐桓公提出过"尊王攘夷、攘外安内"的口号；到了明朝，于谦也曾提出过"疆兵以足食为本，攘外以安内为先"的建议。但是，真正让这个理论家喻户晓，却是蒋介石。

国共合作前，蒋介石曾经提出"对日妥协、全力剿共"的反动政策，当时的口号，正是"攘外必先安内"。

那么，蒋介石的"攘外必先安内"，与王阳明的"御外治内",有关系吗?

据台湾官方出版的《蒋介石日记》和《蒋介石集》来看,蒋介石生平极其推崇王阳明,视其为崇拜偶像,从他把台北草山改名为阳明山便可见一二。

因此,虽然"御外治内"的理论在古代出现过几次,但是,真正影响蒋介石的,却还是王阳明。当然了,蒋介石没能"青出于蓝胜于蓝",连提个口号,都不如王阳明成功。

好了,王阳明"御外治内"的口号就闲扯到这儿,我们再来看看他的"十家牌法"。

简单来说,"十家牌法"其实是一种户籍管理制度,具体是这样实施的:

首先,各府、县建立城市居民的户口档案,便于日后查验。

然后,每家每户的门上钉一个牌子(相当于良民证),户主把户籍、人口、有无留宿外人等情况写在牌子上,便于官府查证。

接下来,官府把十家编在一个更大的牌子上,列出各户姓名。牌子采用流水轮转的方法,每天轮一家,轮到的这家人沿门按牌审查动静,一旦发现陌生人、形迹可疑的人,马上向官府报告。倘若一家藏匿嫌疑人,十家连坐!

最后,官府有事没事地抽样检查。

公正的说,这个"十家牌法"并不算复杂,跟现在的"身份证"制度根本没法比。但是,在当时当地,这个办法却非常有效,因为它抓住了平头老百姓"爱凑热闹、爱打小报告"的心理,充分调动民众积极性,一举杜绝了奸细混入居民刺探军情的可能性,同时更杜绝了居民为盗匪通风报信的可能性(你想通风报信,先得问问其他人答应不答应)。

3. 训练民兵

这里有必要说一说明朝的军队制度。

大家都知道,朱元璋就是造反成功的"土皇帝",而朱棣,更是武装夺权的"藩王皇帝",明朝为了杜绝再出现类似朱元璋、朱棣这样的人,于是就制定了极具明朝特色的军队制度。

简单来说,这种军队制度属于"军政分离",就是说,军权集中由中央(皇帝)掌握,地方上的藩王、地方官之类的没有军权,不能招兵买马,连王阳明这种"奉命剿匪"的总司令,身边都根本没有一兵一卒可以动用。

可以说,王阳明就是个"光杆司令",甚至于,他去赣州上任时,路经南安府万安,他居然直接遭遇了"盗匪"。

不过,当时情况并不严重,那群"盗匪"其实就是一群乌合之众,一听说王阳明是新任的"剿匪大将军",立马就跪地求饶,发誓说下回不敢了!

由此可见,明朝这种"霸道"的军队制度,其实还是存在很多不良影响的。最直接的影响就是,赣、闽、湖、广四省匪患多年,地方上居然抽不出兵力去剿匪。而朝廷调动地方部队的程序又非常繁琐,人力、物力、财力都折腾在调动上了!

王阳明琢磨着,如果他也像前几任那样,有事没事就催促朝廷调拨军队,此举可行否?

答曰:不可行。

非但不可行,而且还白费力,因为有三大弊病:

一、行动迟缓、耗费时日,光程序就得把人折腾死!

二、消耗太大,浪费钱财,有这钱还不如直接给那些盗匪,他们有钱了,谁还去抢劫啊!

三、暴露目标，贻误战机，成千上万的士兵调动，老鼠都知道躲起来，更别说盗匪了！

有鉴于此，王阳明一不做二不休，干脆组团剿匪去！

古人云："善用兵者，驱市人而战"，老子坐拥八府之地，就不信挑不出"奋勇敢战之夫"！

王阳明连夜拟定了一封《选拣民兵》的檄文，分发各府县，开始选拔训练民兵：

首先，挑选民兵团。

要求各府县"挑选骁勇绝群、胆力出众之士"，组成弓弩团、打手团等民兵，每县至少挑出十人，如果找不到，干脆悬赏招募，总之，一个都不能少！根据这种要求，他大概算了一下，赣、闽两省，应该能招到五六百人，湖、广两省少一些，总该也有四五百人。

其次，组建精锐部队。

要求各府县挑选民兵时，如果发现"力能扛鼎、勇敌千人者"，（妈呀，明朝那时候原来有这么多猛人！）各地方官不管用什么办法，威逼利诱、贿赂犒赏，总之务必把人给留下来。王阳明打算把他们训练成出奇制胜的"精英部队"，以此优化军队结构，提高战斗力。

这么两支部队集结下来，王阳明手上算是有点家底了，对付盗匪，也算有一战之力了。

可以毫不夸张地说，"十家牌法"和"训练民兵"这两项军事改革措施，是王阳明智慧和权谋的集中体现。一般人没他这智商和胆量，还真想不出这些办法，就算想出来了，做不做得成还难说。

既然"安内"成功，接下来，就该"御外"了！

正德十二年（1517）二月，王阳明正式开始了"剿匪行动"。

他首先选择的漳南之寇，为什么选择他们呢？不是因为他们很欠揍，而是因为，实在是你们太弱了，谁不是专挑软柿子捏啊！

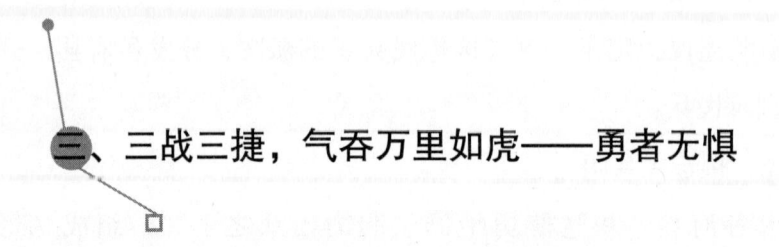

三、三战三捷，气吞万里如虎——勇者无惧

1. 长富村之战，首战告捷——远程遥控不可靠

按照惯例，战争开始前，首先要通报一下敌我双方的军事对比和作战部署。

关于盗匪一伙，没什么好说的，就两个特点：人多不怕死、熟悉地形环境。

所谓的人多，其实也就是个对比数，盗匪人也不多，也就三四千，关键是，他们一个个都是不要命的。他们心里清楚得很，既然朝廷动了真格，那投降也不会有好下场，还不如死磕到底，或许还有一线生机。

另外，漳州南部多为山区，山势重峦叠嶂，地形复杂险峻，这种地形情况，对于盗匪来说很有优势，毕竟盗匪们大多都是当地人，爬山入岭那是家常便饭。

而且，漳州毗邻广东，漳南盗匪以小溪为中心，建了许多山寨，当然，也抢了很多民女当压寨夫人。而广东边境的龙川县，也是匪患严重，两地相互呼应、守望互助，打起来还真不好对付。

反观王阳明，兵不多，也就两千来人，而且还都是半路出家的民兵，战斗力有待考量。

当然了，王阳明这一方还是有优势的，其中最突出的一点，当然就是王阳明这家伙！有此一人，可抵千军！

此外，还有一个明显的优势就是，王阳明终究是"御封"的"剿匪负责人"，多多少少还是会得到一些朝廷的援助的。别的不说，赣闽湖广四省那些少得可怜的衙门守卫，他王阳明还是能指挥动的！

综合考虑，两方人马，半斤八两，胜负之数，五五分账吧！

对比完两方的军事情况，接下来就轮到王阳明做出具体的军事部署了！

当年诸葛亮运筹于帷幄之中、决胜于千里之外，靠的是什么？还不就是靠算无遗策的策略、滴水不漏的部署、所向披靡的将士。

王阳明自认军事水平不如诸葛亮，他没有算天地、卜福祸、借东风之类本事，也没有剑锋所指、所向披靡的将领士兵，他所能做的，就是谨慎小心、滴水不漏地做出部署。

其实，他的部署也没有太多技术含量，不信的话，你们自己看：

（1）广东的地方部队扼守要冲，东进夹击。

这个部署没什么深远深奥的用意，他就图一点，防止盗匪向西突围，同时切断盗匪们跟广东匪寇的联系。

（2）江西的地方部队也是严密把守各个道路的关卡隘口。

这个部署的用意同样很简单，还是怕盗匪们突围逃跑。

（3）福建境内的地方部队、民兵作为攻击主力，全力向西逼进。

这个部署就更直白了，一句话：冲击，冲击，毫不犹豫地冲击。

可以说，三个部署都没有太多技术含量，但是，三者叠加在一起，却也有些门道。

什么门道？正如兵法所说：分兵合围、协同作战。用现代话说，就是大伙儿一起上，把那些强盗土匪包饺子，最后来个瓮中捉鳖，不信弄不死你们！

当然了，部署是完美的，理想是美好的，变化是突然的，现实是残酷的！

战斗初期，可以说王阳明的部队进展顺利，先后几次遭遇战，都是官兵们占了优势，斩获颇丰：斩匪首（也就是个小寨主）黄烨及其随从432人，俘虏146人，夺获牛马众多。可是，接下来，官兵们可就吃足了苦头。

强盗土匪也不傻，初期被敲闷棍，那是准备不足。等他们反应过来，立马就知道，这次官兵有备而来，我们不是对手，还是赶紧跑吧！

但是，大伙儿都被包了饺子，往哪里跑啊？

得，跑远是不可能了，既然这样，那就挑个地形复杂、易守难攻的地方躲起来，暂避锋芒吧。指不定哪天那些官兵大爷们没耐心了，退兵走人也是很可能的，他们过去不是都这德行吗？

行，接下来就得挑地方躲了！地形复杂、易守难攻，这种地方历来被视为兵家必争之地，别的地方盗匪们不清楚，可是漳州南部这旮旯，他们闭着眼睛都知道该往哪里躲！

象湖山，就是那里了，大伙儿跟我冲啊！

盗匪们一旦看到活下去的希望，那士气可绝对不是盖的，虽然前有官兵拦路、后也有官兵索命，但是，盗匪们一个狗急跳墙，合力冲击之下，还真拿出了不要命的架势。

官兵们可不干了，虽然他们有的是地方部队，有的是民兵，素质不一，但谁不是爹生娘养的，眼看着盗匪们拼了命冲过来，官兵们哪里会豁出命去阻拦，意思意思就算了，盗匪也是人，混口饭都吃不容易，随他们去吧！

盗匪突围了，官兵们总不能傻站着挥手送别吧！

追，当然要去追，就算是放水，好歹也专业点吧！

兴许是那些官兵做得太专业、演得太逼真，盗匪们回头一看，呀，追上来了，大伙能跑的赶紧跑，跑不动的就跟着我杀回去吧，好歹给同胞们争取点时间不是！

于是，盗匪们一小撮极端恐怖分子，与官兵们一小撮敬业人士，在广东大伞干了一架。该役，盗匪们表现出众，而官兵们也作战勇猛，福建指挥覃桓、县丞纪镛打得太起劲，导致马蹄陷入淤泥之中，被盗匪群起攻之，重伤身亡，也算为国捐躯了！

福建的部队有人壮烈了，广东的官兵见此情景，当场就尥蹶子跑人，眼睁睁看着盗匪从自己的包围圈突围出去。可以说，广东官兵在这里负有推卸不掉的责任，你们也真是，人盗匪都冲过来了，有你们这样让路的吗？好歹挖几个坑、设几个路障延误一下吧！

最终，盗匪门占据象湖山、箭灌、可塘等天险，官匪对峙，战争进入了真正的僵持阶段。

2. 象湖山之战，上兵伐谋——亲临督战有必要

战争进入对峙阶段，敌军退守象湖山、可塘的山寨，易守难攻，过去剿匪一般到这儿就鸣金收兵了，因为那俩地方真不是一般

柒 漳南之役：书生纸上谈兵——读书还是有用的

125

的士兵能攻上去的！

为此，前线的将士们认为有必要征调"狼兵"前来助阵，毕竟他们才是训练有素的专业士兵，我们这些纯粹就是业余的新兵蛋子。

听到这些汇报后，镇守后方的王阳明坐不住了，打仗哪有这样的，打到一半说要换人，这成何体统！于是，王阳明率领2000余人火急火燎地赶到前线（福建汀州）。

他才刚到，马上就召开了一次高层军事会议，对着前线指挥官们劈头盖脸一顿臭骂："不带你们这样打仗的，明明都部署好了，怎么执行起来却成这样了呢？好吧，这也不怪你们，毕竟你们也不是专业干这行的，可是，仗都打到这份儿上了，你们怎么可以半途而废、中途换人呢？狼兵虽然厉害，但我们也不差啊，眼前的局面，我们完全可以自己应付！"

作为这次军事会议的最高发言人，王阳明采取"大棒加萝卜"教导政策，一边批评教训，一边鼓舞士气，同时为接下来的战争做出了几点重要的部署：

第一步，解散军队、鸣金收兵。

当初前线统帅说要撤退，换"狼兵"上场，你说不行，还特地跑过来训了大伙一顿。可这批评的话语还萦绕在耳边，怎么你自己又嚷嚷要撤兵，这也忒不厚道了吧！

王阳明也没理会将领们略带鄙视的眼光，继续部署道："散会以后，你们就跟下面的人说要撤军了，山上瘴气熏人，不适合动刀动枪，况且现在又是春耕时期，大家伙儿还是先回去种田插秧，以免影响了一整年的收成。至于山上的土匪强盗们，就暂且搁在这里吧，等秋收之后，咱们再回来收拾他们！"

说话的时候，王阳明估计一直在挤眉弄眼，可劲地给将领们使眼色。在场的人好歹也混成了将领，察言观色的眼力劲儿还是有的。经过王阳明这么一说，再一比画，大伙儿马上明白过来，感情你撤兵是假，迷惑敌军才是真啊！

高，这招实在是高，山上的盗匪不清楚情况，乍一看我们都要撤军，戒备肯定会放松，到时候机会就来了。

第二步，刺探军情、暗中备战。

光嚷嚷说要撤军也没用，得拿出实际行动来才行，毕竟敌人是强盗土匪，不是白痴傻蛋。考虑到这点，王阳明决定率众撤退，只是将撤退的速度放慢了一些。这样既不会跑太远，又不会让敌人起疑心。

与此同时，王阳明还精心挑选了一批身手矫健、健步如飞的间谍细作，表面由他们负责断后，其实是让他们暗中打探敌人的动向，并及时回报。

第三步，抓住机会、突然袭击。

那些间谍细作躲在山林草木之间，辛苦了好几天，终于发现敌军有懈怠之相，于是赶紧跑去跟王阳明汇报。王阳明闭目沉思了一会儿，沉吟道："我觉着也是时候了，传令下去，全军集合，连夜回袭。"

第四步，冲锋破阵、重兵歼敌。

大军日夜兼程，终于在敌人意料不到的某个晚上杀了回去。这个时候，战略已经执行得非常好了，剩下的就是士兵们的战术配合了。

按照王阳明在军事会议上的安排，突袭的时候讲究是速度，因此前锋只管往前冲，只要冲垮了敌人的阵营就行，至于杀敌的任务，全部交给后续跟进的部队。

第五步，天罗地网、擒贼擒王。

战争在王阳明的部署下，很快就呈现出一面倒的态势。但是，这个时候，不仅敌人乱了阵脚，连自己都很容易迷失方向。为此，王阳明在发动突袭前，一而再再而三地强调，这次围剿，最重要的目的是擒拿敌人的首领，因此，不管战事发生了什么转折，任何人只要碰到敌首，无论如何都得把他给截下来！

好了，战争进行到这份儿上，神仙来了也救不了象湖山的盗匪了。

3. 箭灌寨之战，势如破竹——乘胜追击更必要

象湖山之战，彻底扭转了整个漳南之役的基本格局，战争的结果已经没有悬念，对王阳明来说，胜利只是时间问题而已。

经过长富村、象湖山两次剿匪战，盘踞漳南的盗匪们被清剿了大半，剩下的一些漏网之鱼，虽然"默契"地逃窜到箭灌，并最后"团结"地聚集在一起，但是，这些人早已是强弩之末。

当然，就算他们已经是强弩之末，但终究还是盗匪，是隐患，因此必须得清剿，不然的话指不定哪天又出来兴风作浪了。

这一次的围剿工作，压根就不是技术活，甚至连体力活都算不上，因为纯粹就是老鹰抓小鸡，不费吹灰之力。

不过，箭灌之战的结束，也标志着漳南之役的结束。这一次剿匪，是王阳明生平第一次统兵作战，也是他卓越的军事才能的首度公演。虽然期间出了一些小波折，但是都被他轻松化解，丝毫没有影响大局的走向。

整个漳南之役，前后持续了大约三个月，时间并不长，但是成

果却委实丰硕。不说别的，光是被他剿灭的贼巢就多达三十余处，斩杀敌人1400多人，俘获敌人570多人，招抚敌人及其家眷多达4000人左右，至于牛马钱财等赃物，更是数不胜数。

如此战绩，也算颇为辉煌，更何况，这样一场持续时间并不长的战役，却将为祸十余年的匪患根除，这对朝廷来说是大功劳，对百姓来说更是大功德。

或许，连王阳明自己都没有想到，当初那个列果核为阵、驱玩伴对战的捣蛋鬼，竟然能够在金戈铁马的战场上运筹帷幄如龙、气吞万里如虎，如此的意气风发，当不愧少年之远志。

捌 赣南之役：儒将初露锋芒——兵法还是靠谱的

正德十一年（1516）九月，朝廷任命王阳明为"都察院左佥都御使"（正四品），同时巡抚南安、赣州、汀州、漳州等地。说是升迁，其实是把南、赣、汀、漳四府的烂摊子丢给王阳明。多次请辞，却都被朝廷直接忽略，无奈之下，王阳明只能临危受命了。

正德十二年（1517）二月，王阳明正式开始了"剿匪行动"。接下来，王阳明仅用了三个多月的时间，就以迅雷不及掩耳之势剿灭了为祸几十年的漳南之寇，为朝廷立了大功。

不过这只是战争的开始，因为还有一大批的匪患等着他去一一解决。而赣南匪众便是他下一步军事行动的目标。赣南地区，西接湖南的桂阳，南接广东的乐昌，匪患猖獗，这一次，王阳明要剿灭的贼寇主要是盘踞在南康、赣州等地的陈曰能、谢志珊、蓝天凤等部。

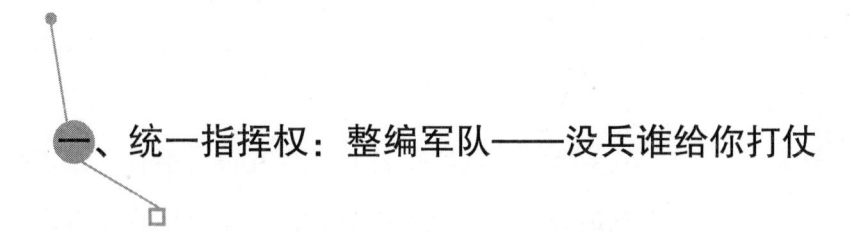

一、统一指挥权：整编军队——没兵谁给你打仗

1. 写信告谕，我心诚恳

漳南之役之后，王阳明将战果上报朝廷，朝廷给予了丰厚的奖励。王阳明本想趁此时机休整一番，但是急于立战功的将士们纷纷请求，希望王大人能够下令出兵，一鼓作气，继续剿灭其他匪众。既然大家都如此心急了，那就开干吧，不过第一步不是开打，是写信！

写信，对王阳明来说最为拿手，而这种低成本的策略也是他常用的招式。这一次，王阳明一如既往的写了一封《告谕巢贼书》送往土匪巢穴，在他看来，如果能有所成效，那当然是最好了，如果巢贼对此毫无反应，那也为我军休养生息赢得了时间，那又何乐而不为呢。

写好信之后，王阳明便派部下带了一些酒、肉、银子和布匹衣物，连同这封书信一齐送往巢贼手中。

这封招安书信送到巢贼手中之后，顿时引起了轩然大波，有的人备感惭愧，有的人直接痛哭流涕，然后下定决心接受招安。一封书信为何会有如此大的魅力呢？姑且让我们先看看书信的一部分内容：

"夫人所共耻者，莫过于身为盗贼之名；人心之所共愤者，莫过于身遭劫掠之苦。今使有人骂尔等为盗，尔必怫然而怒。尔等岂可心恶其名而身蹈其实？又使有人焚尔室庐，劫尔财货，掠尔妻女，尔必怀恨切骨，宁死必报。尔等以是加人，人其有不怨者乎？"

这是书信的其中一段，大致意思就是人生在世，最让人瞧不起的就是匪盗；而大家最为气愤的就是遭到盗匪的抢劫。现如今，如果有人骂你们是强盗，你们必然会因此发怒。这说明你们也以为耻，但是你们又何必厌恶之却还为之？又如，有人焚烧你们的房屋、抢夺你们的财物妻子，你们也必然会怀恨报复，你们也是普通人，这种想法大家都会有，你说是不？

仅此一段，就可看出王阳明笔杆子的功底，他抓住了大家的心理，运用推心置腹、循循善诱等手段来感化大家内心最柔弱的部分。

接下来，王阳明继续以诚恳的心态分析大家造反的原因，主要可以归结为八个字"被逼无奈，误入歧途"，这本非你们所愿，所以你们也是可怜人。这段话下来，彻底说到了大家心底：王大人啊，多谢您能理解我们啊！

大家既然已经动心，那就该言归正传，说说正事了，我写信的目的嘛，主要是想让你们接受招降。如果你们赴死顽抗，那休怪我不客气，这是你们逼我的，但是我本心并不想这样做，大家都是朝廷的子民，我也希望大家都能安安稳稳的过日子啊！

说明意图之后，王阳明又给予了一番安抚：你们做盗匪，其实日子也过得很心酸，经常食不果腹，而且还要担惊受怕，那又为何要做下去呢？倘若你们能接受招安，我必既往不咎，从此让你们过上安居乐业的日子。我老王的为人你们应该都有所耳闻，如今我能说的已经说了，能做的也已经做了，如果你们不信任我，那我也只能对不起你们了，只是一想到要杀朝廷的子民，我就心痛不已啊！如今我已是潸然泪下了！

王阳明的这封书信完全抓住了巢贼的心理，简单明了的话语让巢贼感觉到了温暖，明辨是非的道理让巢贼们动情。人性本善，于是这封书信像一把精神之刀一般，直接俘虏了盗匪的内心。

王阳明的一封书信，胜过了千军万马。不出几日，这封诚恳的书信收到了意想不到的效果，一批匪患被王大人的怜悯之心深深感动，于是他们拖家带口缴械投降来了，这批人主要包括原盘踞在龙川的卢珂、郑志高，还有黄金巢、叶芳等人。

于是王阳明第一步军事行动以攻心之计成功收官。

2. 大庾岭之战——你们慢慢死磕去吧

王阳明的这封书信虽说起到了明显的效果，但是还是有很大部分的匪盗顽固不化，根本对王阳明的书信置之不理。对于这些冥顽不灵之辈，王阳明对他们的态度也很明确，那就是赶尽杀绝，于是王阳明开始部署下一步的行动。

盘踞在赣州境内的陈曰能便成了王阳明的下一个目标。陈曰能，主要地盘是大庾岭（今江西赣州大余县），也算是王阳明眼皮底下的一根刺了。

当他收到王阳明的招降信之后，直接怒了，你这招对我没用，我要跟你死扛到底！于是他不但不投降，反而广积粮、高筑墙，加强了防御，还放话说：你老王要是敢来，老子就和你拼了，让你早点下地狱去。

在龙场的几年，王阳明磨砺出了一颗金刚不坏之心，所以他对陈曰能的那番大话一笑而过，就你，还嫩了点，我连出手都懒得呢！但是你待在我眼皮底下多少有些碍事，那我就找人拔掉这根倒刺，于是刚刚招降的卢珂便派上了用场。

话说卢珂、郑志高等盗匪招降之后，王阳明便大摆宴席，好好招待了他们一番。一开始，王阳明不停地夸赞他们能看清形势，而且还不断给他们说以后就是朝廷的官军了，日子会越过越好的。酒过三巡，王阳明看大家都有些醉意，于是话锋一转，开始了这天的主题。

他笑呵呵地问卢珂，你来投降，诚意何在呀？拿出来让我瞧瞧。略有醉意的卢珂也是个聪明人，当即就明白了王阳明的意思，于是立马毕恭毕敬地说："王大人，你有什么安排尽管吩咐吧。"

卢珂倒也爽快，于是王阳明便给他安排了军事任务，那就是剿灭大庾岭的陈曰能。几日之后，卢珂便带领所部朝大庾岭进发了。

话说王阳明的这一安排也真够绝的，道上有规矩，既然投降，就得有投名状，那么卢珂等人正好为王阳明所用，正好也可看看卢珂等人是否真心。这一仗，卢珂无论如何也要打了，而王阳明则可不费一兵一卒就拔掉眼皮底下的刺，所以王阳明便将这伙土匪交给另一伙招降了的土匪，让他们慢慢去死磕吧。

刚刚跳槽的卢珂为了向王阳明表达诚意，便打起十二分精神，火速赶往大庾岭，到了之后，他二话不说就开打了。

作为一个原先的土匪头子，卢珂对陈曰能的老巢非常熟悉，而且他还很了解陈曰能的用兵策略，所以战争一开始，卢珂就取得了绝对的主动权。

经过一段时间的对抗，陈曰能渐渐挺不住了，于是他便开始向后撤离，不过打了这么久，陈曰能却还一直不知道对方的将领是谁。对他来说，这个将领绝对非同一般，因为他能猜透自己的用兵策略，能看透自己的军事部署，摊上这样的对手，真是不输都不行。

于是陈曰能干脆率兵回到老巢，窝里慢慢死扛去了。此时的卢珂急着想回去向王大人交差，所以他才不愿意拖时间呢，再加上拖延时间是需要成本的，卢珂现在招降了，没办法四处打劫了，但是手下的兄弟需要吃饭啊，不赶快回去交差他们挨饿了自然又会继续造反。抱着这样的心理，卢珂毫不客气地朝陈曰能的老巢丢了一把火。

这把火很快就把陈曰能的十九处山寨烧得干干净净，而陈曰能也被卢珂活捉，之后又被就地处决。上天也算怜悯陈曰能，因为死之前，他终于可以看到对手的真面目了，只是对手是他昔日的土匪搭档卢珂，哎，看来陈曰能死都不能瞑目了。

为时两个月的大庾岭之战，王阳明不费一兵一卒又取得了胜利，他用的战略就是土匪死磕土匪。不过这一战，王阳明也看出了卢珂的忠心，又有部队可以为我所用，那又何乐而不为呢？

3. 整编部队——休养生息乃战争之本

大庾岭之战，卢珂共用了两个月的时间，这两个月内，王阳明并未出兵其他巢贼，那他干什么了呢？放心，老王是不会闲着的，他自有他的安排。

漳南之役取得了圆满的胜利，将士们个个都斗志昂扬，希望一鼓作气，继续剿灭其余匪众。可是王阳明很清楚，战争刚刚结束，部队需要休养生息，这样才可全力以赴地应付下一次的战斗。倘若直接出兵，一旦有一点的挫折，那大家的斗志就会成倍消退，到时候就只能是节节败退了，所以在王阳明看来，休养生息乃战争之本。

一封招降书，让大家休息了一阵子，不过这还不够，而卢珂的大庾岭之战正好为王阳明赢取了休养生息的时间。趁此两个月，王阳明大刀阔斧地进行了一次部队整编。

他首先从民兵中挑选出一批优良士兵，然后对其整编，而主要的整编策略是这样的：

士兵人数	整编名号	长官名称及数量	
25人	伍	小甲：一人	
50人	队	总甲：一人	
200人	哨	哨长：一人	副哨长：二人
400人	营	官：一人	参谋：二人
1200人	阵	偏将：一人	
2400人	军	副将、偏将（人数不定，临时设置）	

这一次，王阳明以此方法整编部队，可谓是清楚明了，这样的整编方式不仅有利于战略战事的安排，也有利于分清责任，至于以后的赏罚就更是清楚简单了，真可谓是好处多多。

其实今天的军队编制和这样的军队整编还有点异曲同工之妙，看来老祖宗的本事我们不能忘啊。

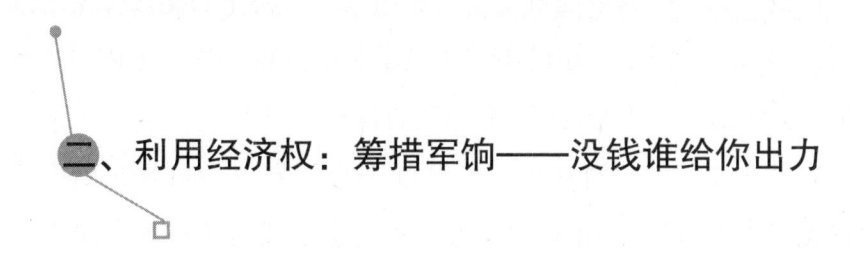

二、利用经济权：筹措军饷——没钱谁给你出力

1. 上书朝廷，重立赏罚

王阳明做事向来细致认真，作战之前，他总会考虑得清清楚楚，除了最基本的战略布局之外，还包括我军的士气、敌人的心理等细节，而他这些细节的安排，也注定了他比别人会多一分胜算，看来充足的准备还是非常必要的。

王阳明一边休整着部队，一边总结着战斗经验。一日，王阳明又拿出往日的战役资料，细细研究起来。突然，他发现，军队在对赏钱的处理上不够合理。

自古以来，打了胜仗之后，朝廷都会给士兵一些奖励，经济条件好的时候，除了好吃好喝外，还会多给士兵一些钱财布匹等奖励；经济条件不好的时候，那就给大家分分战利品，以此来鼓舞大家。

中国的抗日战争和解放战争也差不多是这样的，那会儿国家经济比较薄弱，打了胜仗能吃顿肉就算好了，于是战利品成了大家翘首以待的好东西。不过国家有明确规定，战利品需要登记入册的，所以士兵们在扫荡战场之时，能得到一两只烟，一盒罐头都会乐呵呵的，顿感心满意足了。

明正德年间的赏赐制度已沿袭一百多年了，这一百多年间，大凡军队打了胜仗之后，都会有所赏赐，因为这会提高官兵的积极性，这也对战争的成败起着重要的作用。王阳明率兵剿灭漳南之寇以后，朝廷就给予了一定的奖赏（虽说奖赏少得可怜，王阳明才获得了二十两银子，外加奖状一张，还有俸加一级）。

一直以来，大家对这种奖赐制度都毫无异议，可是王阳明经过仔细研究，还是找出了其中的毛病，于是他写了一封奏疏上奏朝廷。

奏疏中，他非常认真地说，赏钱没错，但是要用正确的方式来赏！自古以来，就有"赏不愈时，罚不后事"的说法，但是嘛，如果赏罚的时候不对，就会起到相反的作用了。有的部队在作战前发赏钱（宁王之乱就是很好的例子，后文有所提及），反而失败了；有的部队不当机立断惩罚官兵，又导致了军队纪律涣散。

这是因为战争还未开始便拿到了赏钱，那谁还肯卖力啊！士兵打仗，无非为了保全两点：一是生命，二是生活，而生命比生活重要太多了，战场上要是丢了小命何谈生活。现如今，你先给我发了赏钱，保障了我的生活，那我干嘛还要在战场上和自己的性命过不去。

大家都抱有这样的心理，于是，战场之上，便成了一盘散沙，大家都贪生怕死，无人肯上前杀敌，这样下去还没开打就已经失败了。而对于提前逃跑的官兵，朝廷也从来不予惩罚，于是不战而逃的状况就愈演愈烈。

王阳明继续唠叨道，近年来，南赣地区匪患不断，这帮匪徒时不时的跑出来打劫一番，弄得大家不得安宁。每每遇到这样的情况，朝廷都会派兵追剿，只是追剿官兵大都是列列队，喊几声，把他们吓唬走就好。匪众也知官兵心理，所以他们便在官兵走后又出来打家劫舍，如此下去，匪徒是剿灭不了的，而终极原因乃是赏罚措施不当，不能激励官兵！

现如今，我在南赣地区剿匪，这里的官兵也是这个样子，不战而逃，这样下去匪患还有剿灭的希望吗？所以我请求朝廷能够给我权力，让我能够直接赏罚下属。我现在手头还有几千士兵，就从他们开始吧，我保证，一定会事半功倍的！

2. 掌握赏罚大权，激励官兵士气

奏疏上报到朝廷，顿时又引来了一番的议论。有一些思想传统的官员对此大加反对，他们觉得这是祖宗定下的规矩，自有它的道理，怎可说改就改？况且朝廷从未更改过赏罚措施，万一让王阳明便宜行事，他岂不是掌握了过大的权利？（这帮文官从未上阵杀敌，根本不知具体情况，就只会瞎嚷嚷。）

另一帮人则觉得试试也无妨，既然王阳明都立下了军令状，那还怕什么，脑袋是他自己的，我们干嘛跟他较真？

经过一番的争论，朝廷终于给予了答复，王琼亲自下诏书说，江西、福建、广东几省交界的山岭地区，经常有盗贼抢劫的事情发生，这帮人打的是游击战，朝廷追，他们就跑。对此，地方各省就会相互推托，所以迟迟不能剿灭盗贼。

现如今，特任命王阳明为提督，掌管四省的军务，而朝廷也会给他令旗令牌，他以后可以自主行事。

经过一番折腾，朝廷批文终于下来，自此，王阳明便掌握了四省的军务大权。掌握军务大权之后，王阳明利用职务之便，调配钱粮，为军队筹集了大量军饷，极大提高了官兵的生活水平。

除此之外，王阳明也掌握了部队的生杀大权，因此他便拥有直接赏罚下属的权力。经过一番的整顿，王阳明重新制定了赏罚时

间，而这种赏罚分明的举措不仅大大激励了官兵的积极性，也保证了军队的纪律性。

这番措施，也奠定了王阳明接下来几次剿匪的成功，看来兵书不是白读的，思考不会白费的！

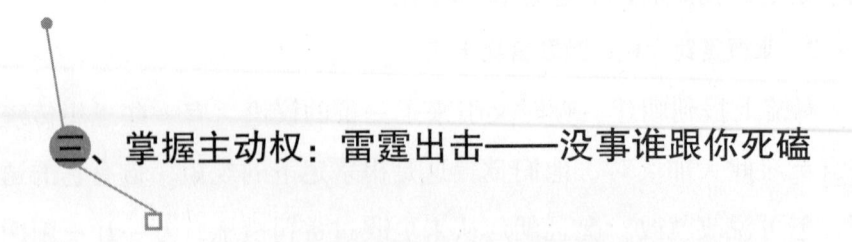

三、掌握主动权：雷霆出击——没事谁跟你死磕

1. 排兵布阵——战略部署很重要

赣南地区的匪患在王阳明的精心安排下，逐渐被消灭了，而经过一番休整，王阳明的部队生气盎然，极具斗志。接下来，剿灭谢志珊、蓝天凤等巢贼便成了王阳明的进一步军事安排。

陈曰能被剿之后，王阳明便将军队从赣州转移到了南康，此时，盘踞在南安府崇义县，占据横水左溪的谢志珊便成为了王阳明的下一个目标，而一场硬仗也即将开始。

谢志珊比起陈曰能来说，对王阳明的威胁更大。他占据横水左溪，号称"征南王"。虽说他也是占山为王，但是他的能力却有目共睹。

当初王阳明的那封让人落泪的《告谕巢贼书》送到谢志珊的巢穴之后，谢志珊并未被迷惑，相反，他知道王阳明的"老奸巨猾"，于是立马联合了大庾岭的陈曰能、广东乐昌的高快马以及附近几个山头的小头目（这几个山大王，王阳明没费多大力气就将之消灭，而这也给了谢志珊极大的压力），和他们一起制造战具，共同对敌。

光从这个"联合"就可看出谢志珊的不简单，为什么呢？那我就略加解释一番。赣南地区，匪患猖獗，巢穴遍野。不过由于地域、生活习惯等方面的原因，这些匪患形成了自己的势力范围，往往都是占山为王，各过各的。

对他们来说，各自当山大王的日子挺好，所以都不大愿意联合。有时候，他们还会为了些鸡毛蒜皮的小事大干起来，例如陈家跑到谢家的领地内猎杀了只野猪，那谢家就会派兄弟围过来，不打一场他们是不会罢休的。

这样的小事屡见不鲜，因此还未等官兵到来，他们自己已经打得伤了元气，而官兵派兵来围剿，一般都是针对个别山大王的，而其他山头的匪众往往不会出来帮忙，甚至还会幸灾乐祸，没有统一的领导，所以想让他们联合起来，这确实比登天还难。

而这个谢志珊偏偏就做到了，当王阳明带兵杀来之时，谢志珊竟然能说动其他的山大王，团结起来，共同抵抗，你说他是不是有点能耐。

除此之外，这个谢志珊还小有点才能，他竟然能够参照古籍，照着上面的图画制造出吕公战车。吕公战车是中国古代一种大型却又略显笨拙的攻城器械，这种战车高数丈，内藏士兵，外蔽皮革，以牛拉或人推，可出其不意推至城下，因与城同高，可直接攀越城墙，与敌交战。此战车如果用得合适，会起到非常巨大的作用。

至于谢志珊制造的这个战车，它的威力究竟有多大，我们接下来再继续讨论。

再牛的匪盗，当他遇到王阳明时，也不得不低头，所以即使这个谢志珊再牛、再拽，他迟早也是要被王阳明消灭的。针对谢志珊，王阳明也早已做好了战略安排。

其实在对谢志珊安排战略部署前，王阳明内部因作战方向不同还起了点小冲突。谢志珊盘踞在崇义县的横水和左溪，但是崇义县还有另一巢贼窝点，那就是桶冈。可别小瞧了这个桶冈，它也算是一个匪患重镇，甚至从湖南的角度来看，桶冈还是战略的重点。

对此，王阳明部有人觉得应该先攻打桶冈，可是王阳明可不这样觉得，他在闲暇时间，已经对崇义县的匪患布局做了细细调查。

他发现，无论从湖南的角度，还是从江西的角度来看，横水都是巢贼的心脏。如果仅从湖南的角度，先去攻打桶冈，那其他两地的匪众一旦围上来，必会使我部陷于不利状态。

对于谢志珊而言，他觉得我们会先对桶冈用兵，所以会比较大意，趁此时机，如果我们出其不意，直接出兵横水、左溪，必会大捷，之后就只剩桶冈一处的巢贼了。况且我部距横水、左溪更近，短线作战还是更有利的。

经过王阳明的一番分析，大家也纷纷拍手称赞。既然有了战斗方向，那接下来的战略部署如何安排？这个不用愁，王阳明心中早有定数。

针对横水和左溪，王阳明将自己的部队分成了十路大军。前四路军分别由不同将领率领，从四个方向进攻左溪贼巢，对左溪形成包围之势，四面包围，夹击敌人，他们是插翅也难飞。

对于横水，也是同样的战略部署，不过换了不同的四路军而已，这样的部署，便可将横水、左溪两地团团包围，然后以最快的速度将其拿下。

那其余两路军做什么呢？大家不要着急，剩余的两路军，一路是专门负责补给工作的，而另一路则由王阳明亲自率领，作为后援部队随时准备战斗，其实这路军，王阳明还给出特殊安排，并最终决定了战争的胜负。

做好了战略部署，那接下来就准备战斗吧。

2. 横水左溪之战——偷袭，继续偷袭

（1）佯攻左溪

正德十二年十月，王阳明的十路大军正式向谢志珊发起了进攻。

当谢志珊听说王阳明已经对他发起进攻之时，顿时有些焦躁不安了。谢志珊非常清楚王阳明不是个简单的人物。当初漳南之役，他轻轻松松就剿灭了匪患。后来，当谢志珊还没缓过神来，王阳明又神不知鬼不觉消灭了他的同伙陈曰能等人，如今，他的部队冲我杀来，怎么不着急呢。

着急归着急，谢志珊心里还是在打着他的如意算盘。在谢志珊看来，他的横水和左溪，乃战略要地，占据着极大的地理优势，再加上他早就做好了战略部署，哪有那么容易就被攻破的，况且他还有超大型的战略武器——吕公车，所以嘛，指不定是谁灭谁呢！

可惜，谢志珊的战略部署即使再牛，却依旧敌不过王阳明的各种诡计，因此横水左溪之战，从一开始就注定了失败。

在王阳明的战略部署下，三天之后，第一路大军首先到达了左溪，而谢志珊也早就在此准备了。战争一开始，谢志珊就报了大不了一死的决心，十分卖力投入战斗，只是，还没打一会儿，王阳明的部队就撤退了，这一仗，双方都没有什么伤亡。

突然的撤退让谢志珊纳闷不已，你王阳明葫芦里卖的是什么药啊，既然来围剿我，还没怎么打，为何就要撤退，难道你们被我的地理优势和战略武器吓到了？其实也是，我的位置实在太好了，你看我都没怎么费力气，反倒你们，还吃了更多的亏。

正当谢志珊微微得意之时，王阳明的第二路军又从另一个方向冒了出来。谢志珊倒也聪明，一下子就看出了其中的端倪，这一路军看似来势汹汹，其实和刚刚的那一路差不多，只需像之前那般抵抗就可。

于是谢志珊率领兄弟再次迎头而上，没过多久，他便击退了这一波官兵。这可让谢志珊更为得意了，你王阳明也就这点能耐嘛，我的部队占据着地理优势，轻而易举地就将你击败了。

不过谢志珊是个明白人，他知道不可太得意，王阳明的第三波、第四波……部队很快又会到来的，所以当务之急就是继续加强防御，随时做好对抗敌人的准备。

没过多久，王阳明的第三波士兵就到来了，这一波，谢志珊继续拿出老招式，准备再次一举击退王阳明的官兵。不过谢志珊发现，自己越打越吃力，后来竟然有点招架不住了。谢志珊定睛一看，不对啊，这波部队比上一波的人数多了好多，这不是在植物大战僵尸里才会出现的场景吗？

谢志珊没看错，这一波确实人多了，准确来说，是第二波人数的三倍，因为其余的两路部队都赶了上来，三路联合，你谢志珊就只有后退的份儿了。

谢志珊此时抵挡不过，便退回巢穴之中，但是王阳明的三路部队却还在继续进攻。谢志珊心想，这样下去，不是完了嘛，三路大军一齐进攻，还有第一路军在旁边夹击，那我不是要葬身左溪了？虽说我的防御很好，但是你们兵力更强，即使我能死扛一段日子，但是最终的结果还是一死啊！

正当谢志珊踌躇满志之时，他又发现了一个问题，王阳明的部队看似在不断进攻，但是他们的部队并没有真想打仗的意图，大部分进攻都像是在挠痒痒，抓一下就跑了，这是唱的哪一出，经过几波的折腾，难道你们打累了，这样的战略只是吓唬吓唬我？

想到这里，谢志珊脸上露出了一丝诡异的笑，看来你们真累了，那么，接下来就该我出场了，你们就等着我晚上的偷袭吧，哈哈哈。

拼智谋，你谢志珊太嫩了！这一波波挠痒痒般的攻击是王阳明刻意安排的，谢志珊，你很快就会明白原因的。

（2）进攻衡水

就当谢志珊还在得意地筹备下一步作战计划之时，一个消息让他顿时大惊失色，那就是横水被围了！谢志珊顿时反应过来，你王阳明真正的目标是横水！于是谢志珊火速调集部队，赶到十余里之外的横水，准备和王阳明部展开一场殊死决战。

当他马不停蹄地赶往横水之后，他又发现围攻横水的几路官兵做着和左溪部队同样的事情，那就是挠痒痒。这帮人根本没打算和你干，只是上来骚扰一下你，然后刷地一下又退了回去。到了晚上，他们也没什么行动，只是钻回营帐休息去了。

王阳明，你究竟是要干什么啊？！谢志珊非常地纳闷。现如今，你的兵力部署也不比我的差，可是左溪你佯攻，横水你还佯攻，你到底要不要打我呀？

别着急，谢志珊，今晚你就会明白为什么了。

这一夜，谢志珊留在了横水，在他看来左溪那边防守坚固，没那么容易攻破，再加上，听说王阳明率兵来了，那我今晚就待在这里一探究竟。

145

为了以防万一，谢志珊派出了大量的巡逻部队，这部分小兵的主要任务就是盯紧横水的四路部队，一旦有何异样，立马展开攻击。

这一夜算是非常平静了，只是天亮时分，一切都变了。整夜没睡好的谢志珊起了个大早，但是他却发现王阳明的官兵竟然偷偷摸摸爬上了营寨。天还不是很亮，所以谢志珊无法断定这支军队到底有多少人，但是你们也太有能耐了，竟然能冲破重重屏障，爬到我的制高点，你们难道会飞檐走壁？

不管怎么样，既然你们都打到我的门下了，那我就要和你死扛了，可是还不等谢志珊集合士兵，王阳明部又做了一件让谢志珊意想不到的事情。

这支部队到达山顶之后，并没有直接展开战斗，就在这时，山谷中传来敲锣打鼓推进的声音，差不多在同一时间，这支爬上山头的部队也开始躁动起来，他们拿出大旗，一边挥舞，一边大喊："我们已打下你们的老巢了！""我们胜利了！""谢志珊死了！"

这些喊叫，顿时让谢志珊的弟兄们乱作了一团，觉都还没睡醒，你们的部队却已经攻下了我们的山头，看来其他的弟兄们都已经被偷偷消灭了，哎，失败了，失败了！

刹那间，谢志珊的部队就乱作了一团，降的降，逃的逃，再无一点的斗志。而王阳明的各路部队也大喊着杀了上来，轻而易举地取得了横水之战的胜利。

（3）夹攻左溪

横水被攻克了，于是王阳明的各路官兵又火速赶往左溪，左右突击，把左溪的巢贼打得是落花流水。

其实当左溪巢贼听到横水被破，谢志珊死了之后，就已经失去了斗志。老大都死了，我们还死扛个啥，性命最重要！抱着这样的心理，大家又一窝蜂似的散开了，他们只想逃出去，保住一条小命。

只是，已经来不及了。之前佯攻的王阳明部此时真的干起来了，他们这次可毫不客气，真刀真枪没过多久，左溪已经血流成河了，这帮巢贼被彻底剿灭了。而谢志珊的吕公战车却并未派上一点用场。吕公战车主要用于攻城，如今谢志珊处于被攻位置，根本无法利用吕公战车，加之谢志珊盘踞在大山之中，这种战车极受地理位置的限制，就算你要攻王阳明的营帐，你连开都开不出去，又如何发挥其威力？

横水左溪之战，王阳明采取佯攻等策略，彻底打垮了谢志珊。这一仗，王阳明以最小的成本获得了最大的利益，共破谢志珊50多个巢穴，斩首级2000多颗，擒获首领50余人，其余还俘虏了2000余人。至于"征南王"谢志珊，则直接被活捉了。

3. 策反叛贼——你有内贼，我有情报员

被杀之前，谢志珊终于见到了出神入化的王阳明。而他们之间，也有了一段这样的对话：

王阳明问谢志珊："你是如何网罗到这么多同党的？"

谢志珊叹曰："不容易啊！"

王阳明问："怎么个难法？"

谢志珊答曰："平生见世上好汉，断不轻易放过；多方勾致之，或纵之以酒，或帮他解救急难，等到相好后，再吐露实情，无不应矣。"

通过一点一滴的积累，最终才走到这一步，谢志珊确实不容易！王阳明叹了会儿气，然会挥了挥手，让部下将谢志珊拉了出去，就地正法。"征南王"谢志珊就这样糊里糊涂死在了王阳明的手上。

为什么说糊里糊涂呢，其实还有一个小故事。在横水山上之时，谢志珊一直很纳闷，他的横水虽说防御不如左溪好，但是也算是天险，壁障重重，想要上山，除非是武林高手，或者能够飞檐走壁。但是王阳明的一大队人马却轻而易举地溜了上来，原因为何？

其实这又是王阳明的高明之处。早在漳南之役时，他轻松找出了匪患的内线，从而成功策反，然后剿灭了漳南之寇。这一次，他再次策反了谢志珊的兄弟，并成为他的情报员，顺利助他登上了谢志珊的横水老窝。

这个人就是为横水、左溪设立防御机关的张保。张保在王阳明的威逼利诱下，将横水、左溪两地的机关布局清清楚楚的画了下来，而王阳明也凭借这张巢贼平面图，彻彻底底地赢得了这场战争的胜利。

看来在战场上，不仅要占据天时地利，还需掌握充足的情报，因为知己知彼，方能百战百胜！

玖 粤北之役：剿匪大获全胜——教育还是必须的

处理完谢志珊的横水和左溪后，赣南的巢贼差不多已被消灭殆尽，现在主要就剩下粤北部分的巢贼了。不过此时盘踞在粤北的却是个稍具威胁的大头目，他就是池仲容。

池仲容部主要盘踞在惠州府西北部，老巢在和平县，他这支巢贼算是土匪中最强的一股势力了。从战略上考虑，王阳明把池仲容部放在了最后；从形势上考虑，池仲容部依然要放在最后。以此策略，不仅可以逐步击破巢贼，也可以分立土匪势力，最后再出其不意，一举拿下池仲容。

王阳明的考虑很周全，那么在诛杀池仲容部之前，就先清除池仲容周边的余党。

一、圣人诛心：虚则实之、实则虚之——忽悠，接着忽悠

无论是漳南之役，还是赣南之役，王阳明都采取虚虚实实，实实虚虚的策略，弄得土匪们如同丈二和尚，摸不着头脑。也因为王阳明善用计谋，因此他在土匪中留下了"多诈"的名声。不过这就是兵法，兵不厌诈，如果能够以最小的利益换取最大的胜利，那才是最牛的成功，王阳明一如既往地将此政策贯彻到底。

1. 写信招安——有用没用都要写

打完谢志珊，王阳明的下一个目标便是桶冈的蓝天凤。在攻击横水左溪之时，蓝天凤一定是在得意扬扬地看热闹，只是，他没想到王阳明的速度会那么快，没费多大功夫，横水左溪已破，那么下一个目标必是桶冈。

正当蓝天凤着急地想着应对策略之时，王阳明来了，不过不是真枪实弹，而又是一封招安信。

话说在王阳明的英明指挥下，朝廷官兵轻而易举地剿灭了漳南之寇，又以最小的成本拿下了赣南的谢志珊，此时大家斗志昂扬，像上次一样，一群急于立功的官兵再次建议王阳明，干脆一鼓作气拿下桶冈。

此时王阳明心里非常清楚，部队刚刚拿下横水和左溪，虽说伤

亡不大，但是却依旧需要休养生息，自己就那么点兵，如果冒然出击蓝天凤，即使胜利了，那接下来的大头目池仲容也会反扑过来，打官兵一个措手不及。况且胆小的巢贼早就一窝蜂地涌向了蓝天凤的桶冈，此时他们战斗力大大加强，我军直接出击，说不准大伤元气的就是我们。

于是他再次安抚官兵，大家先去休息，现在我们不急于进攻，我要先给蓝天凤写封招安信。上一次的《告谕巢贼书》收到了意想不到的效果，为王阳明部节省了很多人力、财力、物力，大家尝到了甜头，因此对王阳明的笔下功夫已经佩服得不得了了，这一次，大家相视一笑，那大人您就写信吧。

于是王阳明继续发挥他的忽悠本事，写了一封洋洋洒洒的招安信，这封信虽说不像上封那样成为史上最强招安信，但这封信却也真诚备至，让人不免感动一回。

蓝天凤读完信后，热泪盈眶，王阳明不愧是王阳明啊，他如此了解我们盗匪的心，试问天下还有哪个当官的会如此照顾我们的感受？王大人说的也对，横水左溪已破，官兵一到，桶冈势如破竹，如若继续负隅顽抗，那将只有一死，但是如果缴械投降，还会有生存的希望。于是接受招安的念头一度从蓝天凤脑海中掠过。

不过邪恶的力量依旧充斥在蓝天凤的脑海中，那股力量对蓝天凤说，你看我们占山为王日子过得多潇洒啊，况且我们能一步步走到今天，太不容易了，您难道打算就此放弃，您可要三思啊！

经过一番激烈的思想斗争，蓝天凤还是没拿定主意，于是他召开了全体巢贼会议，想要征询一下大家的意见。当巢贼们看完王阳明的招安信之后，又是一番落泪，老王真是体谅我们盗匪啊，如果不投降，我们真是枉为人啊！于是大部分的巢贼纷纷赞成投降。

可是蓝天凤心里依旧不踏实，就此投降，是不是太亏了？干脆再多观察几日。蓝天凤心里着急，可是王阳明心里却乐呵了，你蓝天凤既不出兵，又不回信，看来招安信大乱了你的内心，这样好啊，那我就继续忽悠你，直至你心软为止。况且这种观望态势正是我所期望的，我军现在就是缺少休整的时间，哈哈，看来这次忽悠还蛮成功的。

没过几日，王阳明又派人向蓝天凤的巢穴中送去了好酒好肉、布匹钱财，还有一封新的招安信。这封信更是态度诚恳，再次打破了蓝天凤的心理防线。

此时也有人站出来（此人乃是王阳明安排的间谍）对蓝天凤说，大头领啊，王大人确实是为我们着想啊，卢珂接受了王阳明的招安，这会儿日子过得潇潇洒洒，成了朝廷的正规军，看来王大人说话挺算话的。更何况王大人的威名远播，我们如果非要抵抗，那是死是活还不知呢。

这番话彻底打动了蓝天凤，于是他下定决心，决定率领部队前去投降。但是投降得按正常程序走，于是他回信告诉王阳明，我们约个时间谈谈投降条件吧。

2. 桶冈之战——前后夹击

王阳明看到回信之后，心里乐开了花，招安信终于奏效了，看来我们又不用费事就平了蓝天凤的巢贼。只是王阳明还没乐呵够，蓝天凤就出尔反尔了，他决定拒不投降了！

这到底是个什么状况啊，王阳明也闹不明白了，不过间谍很快将消息汇报了过来。原来投靠于蓝天凤的谢志珊的残部将领萧规模出来捣乱了。这个萧规模一听蓝天凤要投降，立马站出来反对，他对蓝天凤说，王阳明十分狡诈，其实他也没什么实力，经常靠偷袭才得逞的，我们断不能轻易上当啊！

此时蓝天凤部投降派和反对派互相之间起了内讧，蓝天凤虽决定不投降了，但是他还得站出安抚这帮人，如果内部一旦打起来，那王阳明直接来看热闹就可以了，何须再动手。

王阳明得知这一消息后，先是一阵子怒气，紧接着，他眼珠子一转，哈哈，这不是我的最佳机会吗？你蓝天凤不接受群众的意见，那就等着我来踏平你的巢穴吧。

很快，王阳明就带官兵杀向了蓝天凤老巢。这日，天下着大雨，王阳明部借着这样的天气，很容易地避开敌人，直捣了蓝天凤的老巢。虽说桶冈乃是天险，一夫当关，万夫莫开，正可谓是易守难攻，但是对于王阳明来说却依旧是小事一桩。

王阳明趁着蓝天凤部起内讧的时机杀了进来，可谓是轻轻松松破了防线。加之，之前巢贼们看了王阳明的招安信，大部分已决定投降了，如今王阳明这么快就杀了过来，他们顿时没了斗志，立马放下武器，举手投降。

而那些负隅顽抗的反对派此时也乱作了一团，虽说他们坚决反对投降，但是当他们看到王阳明浩浩荡荡的官兵杀来之时，内心还是极为胆怯的。横水左溪之战，费尽千辛万苦逃了出来，好不容易保住了条小命，如今官兵又追了上来，为了性命还是逃吧。

只是已经来不及了，王阳明的官兵此时已经杀红了眼，他们士气正高，见人就杀，见人就砍，因此，想要逃跑，可就不像上次那么容易了，没一阵子功夫，这边的巢穴已被王阳明部铲平了。

蓝天凤用忧伤的眼神看了看残败的队伍，看来顽抗已经没有希望了，那就跑路吧。于是他放弃山寨，带领几个兄弟左冲右突，逃出了王阳明的包围圈。接下来，他想去其他营寨休整一番，然后重新抵抗王阳明。

只是，蓝天凤，你没有这样的机会了。此时王阳明已经派人攻进了蓝天凤的其他营寨，所以还没等蓝天凤到达目的地，他就遇到了其他营寨仓皇逃跑的弟兄们。当他得知情况以后，心里那个后悔啊，但是时间不等人，投降招安已经不可能了。

那就继续逃跑吧，可是此时前有围堵，后有追兵，自己处于前后被夹击的状态，还能往哪里逃呢？唯一的去处就是深山老林，如果能够保住一条命，那么再过几年，桶冈又是我的了，毕竟这是块沃野啊，我可不想放弃。

只是，官兵来得太快了，蓝天凤还没等逃跑，前后官兵就都突围了上来，蓝天凤手下就那点人手，还怎么抵抗，所以结果只有一个，那就是等死。

桶冈之战，王阳明充分利用情况，前后夹击，把蓝天凤打得是落花流水，这一次他们共破敌巢穴八十余处，杀贼两千余人，俘虏近四千人，而蓝天凤也被活捉，最终被就地正法。

3. 扫荡余众

桶冈之战，蓝天凤部可谓是败得惨烈，大多数头领都被活捉，等待他们的只有死路一条。至于其他的小贼，大部分也都被杀了，其余的则被俘虏。

不过有一些跑得快的，还是冲出了官兵的包围圈，逃往了深山老林之中。对此，王阳明可毫不客气，他秉承着一个坚决的信念，那就是全部杀光，一个都不能留，让你们再无翻身之力！于是他派出追兵，前后追堵，彻底扫荡了蓝天凤的余党。

桶冈之战，王阳明再次完胜了！接下来的只有池仲容了。

为了纪念辉煌的战绩，王阳明还专立了一块功德碑，并写了一篇《平茶寮碑》，以此来详细记录剿匪的情况，如今此碑依然屹立不倒。不过这是后话了。

二、瓮中捉鳖：分兵合围、各个击破——冲击，继续冲击

王阳明的剿匪队伍像一道闪电般迅速剿灭了漳南之寇、赣南巢贼，真可谓势如破竹。但是还有一个最大的头目，他就是"数千人巨寇，三省群盗祸根"池仲容。

话说这个池仲容可不是个省油的灯，他看到陈曰能、谢志珊、蓝天凤等部被一个个连根拔起，不但没有惧意，反而和王阳明斗起心机。王阳明是何等人物，你跟他斗心机，那不是自讨没趣吗？所以你就等着被王阳明玩弄吧。

1. 池仲容的辛酸奋斗史

池仲容，因长了一脸胡子，又被称为"池大胡子"。这个池仲容的奋斗历程倒也艰辛，他出生在一个贫苦的家庭，父母兄弟靠给地主种点田来养家糊口，但是那点口粮完全不够啊，于是在业务时间，池仲容充分利用自然资源进山打猎，以此来补给家用。

只是这样的日子依旧过得艰辛。某一年，天气大旱，致使池仲容家颗粒无收，对于原本就紧巴的家庭来说，这无疑就是雪上加霜。

地主的心是黑的，他可不管什么风调雨顺或大旱大涝，他只知

道收租，到了固定时间你就得按时按量交租！可是池仲容家还不起啊，无奈之下，他老爹被地主抓走做苦工了。

可是祸不单行，没过几天，朝廷又派人下来征收粮食税。朝廷比地主更黑，交不上税那就抢，我可不管你三七二十一，我还得回去交差呢。

忍无可忍的池仲容终于发怒了，他拿起素日打猎用的弓箭长矛，朝官兵冲了上去。百姓一看有人带头了，立马抄起家伙积极响应，赶走了朝廷的征税官兵。

那个年代，谁敢动朝廷的官兵，那就是造反，最终结果只有一死。既然要死，那干脆进山为王，落草为寇吧，这样最起码还可以保住一条小命。于是第一波"官逼民反"的匪众在池仲容的带领下出现了。

接下来的一段时间里，池仲容开始了宣传工作，他告诉附近处于水深火热之中的民众，要想反对地主统治，要想打倒朝廷的压迫，要想真正的发家致富，那就得自己拿起武器，联合起来，一起争取。

大家心里都很明白，这就是造反嘛，可是这总比饿死好啊，经过一番斗争，说不准还能过上好日子，历史上也有这样成功的事例，那干脆就反了。话说这个池仲容正值壮年，身强力壮，又因长年在山中打猎，练就了一身好本领，于是大家一致推选他为造反领袖。

在池仲容的带领下，没出几个月，造反队伍就浩浩荡荡了。他带领民兵赶走了朝廷的官兵，打压了地主恶霸，真可谓是大快人心。

只是这样的造反小团体，政府是坚决抵抗的，于是，不久以后朝廷就派出大量官兵前来剿灭。池仲容心里非常清楚，自己的这股势力比起朝廷军队那是小巫见大巫，根本没有多大作用，那干脆逃进深山，建立自己的根据地，带领弟兄们劫富济贫，从此过上幸福的生活。

有了想法，池仲容很快便付诸了实际，没过几年，池仲容就成了附近一带小有名气的"金龙霸王"，手下兄弟也多达一万多人。

在这几年中，池仲容经常带领兄弟和官府抗衡，他的口号是劫富济贫，让大家过上好日子，而且他说到做到，从不骚扰百姓，因此获得了人民的爱戴，时间久了，池仲容也成了最大的山大王，附近几个山区的头领都对他毕恭毕敬的。

2. 假意投降——跟我斗，你嫩点

南赣、福建、广东等地的巢贼在自己的地盘上为非作歹几十年，对此，朝廷曾派出大量的官兵前来围剿，但是官兵大都是贪生怕死之徒，而且这帮巢贼很会打游击战，经常抢了就跑，躲进深山老林之中，弄得朝廷官兵晕头转向，因此朝廷多年也未能剿灭这股势力。

这次王阳明奉命出场，不比其他的官员，他有着卓越的军事才能，因此在他的带领下，漳南、赣南等地的巢贼都被一一收拾了，就只剩下粤北的池仲容了。

王阳明知道池仲容不好对付，因此他把这个霸王放在了最后，先去剿灭其他匪部。在王阳明风风火火地进行漳南、赣南剿匪之时，他并没有忘记池仲容，相反，他早就针对池仲容制定了一系列的计划。

当然，第一步依旧是写信招安。当初王阳明在给其他巢贼大发

招降书之时，并没有忘记池仲容。他知道池仲容是个大茬，决不能等闲视之，因此特意给他多发了几封招安信。

没想到池仲容根本就没理会王阳明的招安信，继续哼着小曲唱着歌，过他的逍遥日子。王阳明如今要忙着打仗，没那么多的时间理会池仲容，姑且就先让他潇洒一阵子。

不过忙着打谢志珊和蓝天凤的王阳明，又担心池仲容搞出个啥子来，于是又继续给池仲容写了几封招安信。恰在此时，王阳明攻下了谢志珊的横水和左溪。池仲容一看，终于有点坐不住了，老谢都被他攻下了，看来这个王阳明不简单啊，更何况打完老谢，王阳明自会去打桶冈的蓝天凤，而蓝天凤已破，那不是只剩自己了吗？

看来形势有点紧张了，于是池仲容立马和部下召开紧急会议，商议对敌大策。正当大家束手无策之时，有人提出了一条计谋："王阳明向来喜欢虚虚实实的玩计谋，那我们也虚虚实实和他玩一回。"

"怎么玩？"池仲容紧张地问道。

"这期间，卢珂、郑志高、黄金巢等人都已投降，并且成为了朝廷的正式军队。现如今，王阳明不断给我们写招安信，那我们也干脆派出一股小分队，假意向王阳明投降，实则是去探听消息。趁此时机，我们也可加强防备，一旦有所变故，我们也已准备充分，没什么好担心的。"

池仲容一听，大声叫好，于是派弟弟池仲安带领二百余号老弱病残，向王阳明投降去了。池仲容也想虚虚实实地和王阳明玩一把。

只是他太小看王阳明了。池仲安的投降队伍一到，王阳明从左到右扫视了一番，笑着对池仲安说："很好，你大哥既然派你先出来投降，并助我合击桶冈，可见你大哥很有诚意，这是朝廷和人民的荣幸啊。既然这样，那你先带着你的部下去桶冈西面驻扎，接下来就等着我们出兵桶冈，戴罪立功。"

听到王阳明的这番话，池仲安乐呵了，屁颠屁颠地带领他的那帮老弱病残去桶冈驻扎了，当然他还兴奋地将这一消息汇报给了池仲容。

只是池仲容你太傻了，竟然和王阳明玩这样的心机。送走池仲安的部队，王阳明冷笑道，你池仲容和我玩这样的虚实计谋，你太嫩啦！

三、智降匪首：环环相扣、计计精妙——清剿，必须清剿

1. 苦肉计

没过多久，池仲容又收到一个坏消息，那就是桶冈被破了。这个消息顿时让池仲容不安起来，桶冈被破，意味着下一个目标就是我，而此时，只剩我一人，孤立无援，那不是等着葬身虎口？

不过他依旧不甘心，还是不打算投降，便在暗地里磨刀霍霍，准备和王阳明一决高下。这个机会王阳明会给你的，而且很快就会来的。

没过几日，王阳明派使者带着好酒好肉给池仲容送了过来，说是安抚，实则是探探池仲容的情况。当王阳明的部下看到池仲容的

严密防守之后，便问道："你不是要归顺朝廷啊，那为什么还做这么坚固的防御？"

池仲容一听，急了，这该如何答复啊，干脆编个谎话先骗骗他，于是池仲容回答道："龙川的卢珂要来打我，所以我不得不防备啊。"

之后，池仲容又派部下随王阳明的使者一同前往王阳明的营中，一是要说明投降之事暂且搁一搁，有点小事还得处理；二是顺道在王阳明面前诬告卢珂一状。

对此王阳明也给出了明确的态度，那就是如果卢珂那小子真的是要对你用兵，那自己必当严惩卢珂，接下来我要伐木开道，收拾卢珂。其实王阳明的真正目的是以此掩人耳目，以便暗地里调集兵力，准备向池仲容出兵。

接下来王阳明便上演了一出苦肉计。王阳明假装相信了池仲容的话，然后给卢珂写了一封信，信中大加责备卢珂怎么可以如此不听指挥，还故意派人送错了信，让傻不拉叽的池大胡子看到。

池仲容被王阳明的这一系列举动搞得晕头转向：你给卢珂写信，言辞激烈，看来是真生气了，你又伐木开道，看似是要对卢珂用兵，只是你向来擅诡谋，如此招式也不知是真是假，不管真假，我还得严防于你。于是池仲容派弟弟守在王阳明身边，监视他的一举一动。

凑巧的是，卢珂这些日子也在江西，当他听到池仲容诬告他的消息之后，火速赶往王阳明大营，对王阳明说自己是被诬陷的，相反这个池仲容倒是图谋不轨，他根本没有投降的意思，并献上了池仲容造反的物证。

当着池仲安的面，王阳明不好不做点什么，于是大声责骂卢珂，池仲容向来忠义，你怎可如此诬陷他，再说我就斩了你。"

卢珂带着满腹委屈退了出去。王阳明立即派人跟了上去，悄悄对卢珂讲："你的忠心我都明白，但是池仲安在这里，我得演演戏，接下来我还打算在池仲安面前演一出苦肉计，那就得委屈你挨三十大板了，不过我会安排专人来打你，不会很重，日后我必保你升官。"

卢珂听了之后很是乐呵："没问题，三十大板都小意思，我吃得了这苦，那我就配合王大人演一出'周瑜打黄盖，一个愿打一个愿挨'。"

第二天，卢珂依计又来向王阳明状告池仲容，这一次王阳明装出一副怒火中烧的模样，大声斥责卢珂，然后派人将卢珂拉出去打了三十大板。

这三十大板看起来可打得不轻，站在一旁的池仲安吓得都心惊肉跳的，之后屁股开花的卢珂又被拉进大狱，等候发落。

这一招苦肉计成功了，池仲安看到之后，立马给池大胡子送信，告诉他卢珂被狠狠地打了一顿，这会儿还在监狱呢。看到信之后，池仲容心里暗暗高兴，一是自己的宿敌终于被王阳明狠狠教训了一顿；二是，王阳明是诚心招安，自己也没必要太紧张，不过还得再观察观察。

池大胡子怎么也没想到，王阳明竟然给他演了一出苦肉计，而这出苦肉计的目的不仅是想瞒骗他，更是想趁他疏忽之时，安排兵马。

既然你池大胡子玩不过王阳明，那就等着被王阳明收拾吧。

2. 欲擒故纵计

王阳明的真正目的其实是池仲容，但是他却一再把目标指向了卢珂，无论是伐木开道，还是杖打卢珂，这都是王阳明的欲擒故纵计。

王阳明这么做是故意要池仲容放松警惕，然后趁此时机，暗中布局，最终将池仲容一网打尽，即使你投降，但是你的所作所为，还是难逃一死，这才是王阳明的真正目的。

接下来，王阳明又派出使者去和池仲容套近乎，他故意让使者装醉，在池仲容面前讲掏心窝子的话。这个使者演戏功夫倒是还行，酒过三巡，就开始大吹特吹了。使者先对池仲容讲我们王大人用兵多么出神入化啊，不仅如此我们王大人绝对是个讲信誉的好人。那个黄金巢投降立功，我们王大人可奖励了他不少好处，看得我们都羡慕嫉妒恨啊。

池仲容一听，心里还真有点动心了，你们王大人倒是挺仁义，作为土匪头子，我的实力最强，如果投降了，那最先被重用的也是我啊，于是他在王阳明使者面前不断说着恭维的话，希望他能回去多讲讲自己的好处。

不过这个池仲容非常的小心，事情已经到了这个地步，他还是不肯实打实地相信王阳明。这个时候王阳明又拿出了一招。

恰逢春节，王阳明便解散了队伍，便颁发了一系列告谕，大致意思就是，快过年了，我们谁都想安安心心过个好年，再加上剿了那么长时间的匪患，大家都累了，趁此过年机会，我给大家放个假，并发足军费，你们就回去安心过个年吧。

池仲容收到这个消息，心里踏实多了，官兵都解散了，这不就说明王阳明短期内不会对我用兵了吗？这招安的诚意越来越显现出来了。不过池仲容肯定没想到王阳明的这帮官兵只是配合老王演戏，到时候是随叫随到。

3. 擒贼先擒王

打铁要趁热，一个接一个的计谋，已然让池仲容动心不已，那接下来就是我干大事的时候了，于是王阳明安排了他的最后一出戏：擒贼先擒王。

解散完官兵，下发了通告，王阳明又给池仲容写了一封信，信的内容大致就是，你看我们都要合并了，那总得开个联欢会吧。趁此过年之际，家家户户张灯结彩，我们也好热闹一番。

如今我都安排好了地点，就在"小溪驿"，一来庆祝我们的联谊和睦，二来庆祝来年丰收，三来正是年底，大家一起过个年观个灯岂不乐哉？四来我也得好好款待你一番，毕竟是你投诚于我，不能让你受了委屈。顺便啊，我这里还有几张大明历法，一齐拿与你，以后就祝愿我们的民众能够按照这个历法辛勤劳作，安居乐业。

经过一番的计谋，池仲容已然放松了警惕，王阳明确实是个好官啊，他不仅理解百姓的疾苦，也能了解我们土匪的良苦用心。虽说我们是土匪，但是王大人并不把我们当成土匪，他一心一意想要招安我们，那真是想让我们过上好日子啊，王大人都如此诚心诚意了，我也不好再继续推辞了，既然他邀我吃饭观灯，那我也就亲自去一趟，以表谢意。

只是池仲容这次出去，就休想再活着回来了。出发之前，池仲容还是觉得哪里好像有些不对劲，于是他从自己的部队之中，挑选出九十三名武艺高强之人作为贴身保镖，以防有变。

这个池仲容真是个细心谨慎之人，出发之前，又对寨中人员安排了一番，告诉他们一旦有变，立马起兵。不过再精明的池仲容终究敌不过老谋深算的王阳明，王阳明深知这个池仲容会有所提防，于是在池仲容到来之前，也提前部署安排了一番，无论是对付山寨中的那帮巢贼，还是对付前来赴宴的池仲容，这都是绰绰有余。

经过再三的哄骗，池仲容终于来赴鸿门宴了。到了赣州之后，池仲容又留了一手，他把自己的人手安排在教场住下，然后派了几个亲信先去拜访王阳明，自己则静观其变。他这么做的目的便是先让这些人去探探虚实，一旦发现情况不对，他们就立马逃跑。

这点小伎俩当然逃脱不了王阳明的法眼，于是王阳明装作发怒对这几个人说："你们都是我的新民，现在不来见我，是不相信我。"这几个人回去之后便如实禀报给池仲容，池仲容还想再推托一下，便说想再适应个几天再去拜会见。

不过王阳明这次可不愿意再等了，他买通了池仲容的亲信，让他告诉池仲容："官意良厚，何不亲自去谢，也让卢珂无话可说。"意思就是，王大人是真心的，为何不亲自登门道谢，这样也让诬陷我们的卢珂无话可说。

再三考虑之后，池仲容终于亲自登门拜访了。王阳明这次热情备至地款待了他们。他将池仲容的九十三名跟班安排在了祥符寺，这里虽说不够富丽堂皇，倒也宽敞明亮，况且和巢贼的巢穴比起来那可要好太多了。

在祥符寺的日子里，王阳明好酒好肉地伺候着他们，还为他们买了新衣新鞋，并教他们演习礼乐，顺道趁此机会好好监视池大胡子这帮人。

只是，这帮土匪太不省事了，竟然还上街抢劫良家妇女，让王阳明更坚定决心要将他们彻底铲除。

池仲容在王阳明的招待下，日子是过得舒舒服服，不过他还是有点不放心，派出内应去牢中查看卢珂的状况，当他知道卢珂的惨况之后，心里才踏实多了。一方面，他没事又去城里溜达，窥看城中是否有官兵把守，多番调查以后，他终于放心了，继续过起天上人间的酒肉生活。

　　池仲容部在城里的日子过得可谓是潇洒自在，有酒有肉有美女，这不是天上人间又是什么？只是这帮人秉性太坏，不可教化，所以迟早是要被王阳明一网打尽的。

　　又过了几日舒服日子，池仲容惦记老巢，便前来向王阳明告辞，王阳明劝说让他过完年再回去，这一趟路程得好几天工夫，现在往回走也不能在春节前赶回去，干脆在这里舒舒服服的过个年，等过完年再回去吧。

　　经不住王阳明的一番诱惑，池仲容答应在此留下过年。其实此时王阳明内心挺难过的，我本想用我的心学将你们感化，哪知你们根本食古不化，那休怪我狠心，我只能本着"致良知"的目的，将你们赶尽杀绝，省得你们继续为非作歹。

　　大年初二，王阳明答应了池仲容的回巢请求，并给他们摆了一场浩浩荡荡的饯行宴，而这顿饭也将是池仲容吃的最后一顿饭了。

　　这顿饭可谓是规格极高，池仲容部从未享受过如此待遇，于是他们放肆地吃喝起来，席间，还有美女作陪，这日子，太潇洒了。不知不觉，大家都喝多了，而此时王阳明也该动手了。

　　正当大家醉意阑珊的时候，王阳明便安排给大家发赏钱，五个人一波，领完就可以走了，这帮人醉醺醺的领完赏钱，然后摇摇摆摆地走出大厅，一出门，他们便被王阳明事前安排好的官兵抹了脖子，就这样池仲容的九十三个武艺高强的匪众，糊里糊涂下了地狱。

至于池仲容，最终也被抹了脖子。死之前，王阳明对他说，就算你投降了，但是你死性难改，谁知道还会不会再次起事，所以你必须死！

池仲容这次估计是死不瞑目了，他千防万防，最终还是死在了王阳明的手上，不过他大可放心，因为他的那帮兄弟很快也会随他而去。

4. 连根拔起，一个不留

大年初七，王阳明亲自率领部队，浩浩荡荡杀向了池仲容的老巢。因为王阳明事先做好了精密的安排，所以这次战役进行得格外顺利。

池仲容部因为群龙无首，顿时乱作了一团，逃的逃，躲的躲。粤北之战在王阳明的一系列计谋之下，花费了很少的人力物力，最终取得了全胜。这次战争，头号盗贼池仲容被连根拔起，并捣毁池部巢穴三十多处，杀敌头目近三十人，杀敌近四千人。

就此，为患几十年的南赣匪患被王阳明彻底剿灭了，而功成名就的王阳明也要打道回府了。

任务完成了，王阳明总算可以交代了，他想功成身退，于是再次向朝廷写信，提出辞职，只是朝廷却一再不许。

没过多久，王阳明又接到朝廷命令，说是福建军队中有哗变，要去平定，万般无奈的王阳明再次踏上征途，不过，还没等他到达福建，他又迎来了另一场浩浩荡荡的战争，那就是平宁王之乱，接下来我们就一起领略一下王阳明是如何达到人生军功至高点的！

拾 宁王举兵叛乱——你昏庸、我造反

明朝在明孝宗朱祐樘的励精图治下，出现了短暂的"弘治中兴"。可是朱祐樘命苦啊，从小就命运坎坷，等到他当了皇帝，太卖命了，所以三十六岁便一命呜呼，留下了一个烂摊子交给年少无知的朱厚照。

这个朱厚照就更是离谱了，十五岁继位，被太监刘瑾等所迷惑，所以搞出个"八虎当政，宦官弄权"，这还不说，他着实"昏庸得潇洒"，弄得整个朝廷乌烟瘴气。政治腐败，动乱频发，导致明朝的江山岌岌可危。国将不国，统治阶级内部矛盾加重，于是有些人便开始闹腾起来，造反和叛乱便成为这个时代的家常便饭。

正德五年（1510年），安化王朱寘鐇由于对刘瑾专横跋扈、宦官当政的局面极为不满，于这一年的四月起兵反叛，但由于兵力薄

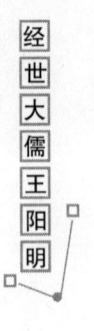

弱，叛乱仅维持了十八天便被镇压，而朱寘鐇也因此被杀削藩。

到了正德十四年（1519年）六月，宁王朱宸濠又在南昌举兵造反，险些重演了当年朱棣夺权的历史闹剧。

一、包藏祸心，招纳亡命之徒——盗贼也算精英？！

1. 宁王野心

明代藩王起兵造反，也算是朱元璋种下的恶果，建国之初，朱元璋广封诸王，而分藩各王并不只是个名头，他们都有军政大权，所以这为后来的藩王反叛积累了军事力量。

明朝第二任皇帝建文帝当政时期，藩王就开始蠢蠢欲动，建文帝看在眼里，急在心上，所以他便早早就颁布了一系列的削藩措施，这包括对诸藩王封地的行政改革；不准藩王王子们参与文、武政事等。他想以此对分封诸王进行控制。

可是这些举措也作用不大，一些狼子野心的藩王早就对大明江山虎视眈眈了，他们虽然不敢明目张胆地练兵，但是毕竟有实权在手，所以这为他们起兵反叛积蓄了力量。

藩王的势力渐渐强大，终于他们的狼子野心爆发出来，燕王朱棣发起了反叛朝廷的“靖难之役”，1402年，朱棣攻破明朝京城南京，夺得建文帝帝位，成为明朝的第三任皇帝明成祖。

朱棣继位以后，继续实施削藩政策，可是藩王反叛仍时有发生,到明武宗正德年间,更是达到了高潮。明武宗朱厚照昏庸无能,虽以"潇洒帝"著称,可他就是胡闹,致使朝廷乌烟瘴气,政治腐败。

政治腐败,往往会有人心生不满,世道乱了,有点野心的人都想从中获得一些利益。这个时候,宁王朱宸濠便开始在暗中磨刀霍霍,准备起兵反叛。

朱宸濠,明太祖朱元璋五世孙,宁康王的庶子。因宁康王没有嫡子,朱宸濠于弘治十二年(1499年)袭封宁王。而宁王朱宸濠作为具有皇室血统之人,趁此政治腐败,皇帝昏庸之际,自然也有点野心。

2. 祸心已久,勾结刘瑾

朱宸濠想要起兵造反,篡夺皇位,这已不是一天两天了。1505年,朱厚照继位,此时朱宸濠已经26岁了,也到了年轻气盛的时候了。而这个时候,年仅15岁的朱厚照继位,贪玩享乐,少不经事,弄得朝廷乌烟瘴气,政治腐败。

你年纪小,你贪玩,这些就不追究了,可是你也不能这样胡作非为啊。宦官当政,那是他们老奸巨猾,可是你也该懂点事了吧:朝廷元老上书除"八虎",你不帮不说,反而把他们大打一通,让他们告老还乡,这是个皇帝该干的事吗?

一系列的昏庸腐败措施严重引起了朱宸濠的不满,你不就是个名正言顺的皇帝嘛,我也姓朱,我也流着皇室的血,你能当皇帝,我为啥就不能?你既然昏庸,我就能造反,于是朱宸濠便开始密谋造反了。

由于连年的削藩措施,朱宸濠手中并没有什么兵权,可是要造反总不能单打独斗吧,于是在想尽众多办法之后,朱宸濠开始贿赂那帮掌握实权的太监了。

朱宸濠首先贿赂了"八虎"之首——大太监刘瑾，后来他又贿赂奸佞小人钱宁、臧贤等，经过一段时间大把大把地砸钞票，终于有所成效了，宁王被恢复了已裁撤的王府护卫。可别小看这批护卫军，这批护卫有一万人左右，也是股不小的力量。

3. 亡命之徒，反叛军主力

想要起兵反叛一个王朝，仅靠一些护卫恐怕是不够吧，这还需要大量的人力、物力、财力，于是朱宸濠便开始想办法筹集士兵。

这个朱宸濠也够绝的，没有权力招募正规的地方军，他竟开始蓄养起亡命之徒。这帮亡命之徒可谓是杂七杂八，既有十恶不赦的江湖大盗，又有穷凶极恶的杀人越货之徒，还有无家可归的流浪汉，如此组合的反叛军，可真是让人哭笑不得。

可别小瞧了这群反叛军，他们本身就是些亡命之徒，所以他们自然就没有什么悲悯之心，烧杀抢掠、杀人越货对他们来说。完全不会有任何心理负担。为了为叛乱敛财储物，这帮人肆无忌惮地欺压百姓，随意杀逐幽禁地方文武官员，强夺官民田产数以万计，除此之外，他们还沿途设关卡，抢劫过路商贾。

有了"士兵"，有了钱财，那还得有充足的战斗武器吧，于是朱宸濠又派人前往广东，买回大量的皮帐，用以制作战斗皮甲。

但是这些也不够啊，放心，这个朱宸濠早就开始日夜不停的私制兵器，这些兵器包括战斗盔甲和枪刀，甚至还有佛郎机铳兵器。这个佛郎机铳兵器可不简单，它属于火炮类兵器，内装有大量火药，具有极强的杀伤力，朱宸濠能有如此实力也算是不简单。

还别说，虽然是造反，朱宸濠倒是搞得有模有样的，他铸造了大量的印章，包括"护卫经历、镇抚司"等职务，并分派给相应等级的统帅。

在朱宸濠的积极准备下,一个主要由亡命之徒组成的反叛朝廷的军队组成了,人数多达十万,可见那个时代确实够乱,仅仅一片小区域就有这么多"流浪汉"。为了谋反,朱宸濠的所作所为给南昌居民带来了沉重的灾难,可是居民又苦不堪言,只能忍气吞声,可谓造成了极大的民怨,极坏的社会影响。

4. 风流才子唐伯虎

当大家看到这个小标题之时,可能会欹歔一番,作者是不是搞错了,明明是在写宁王起兵谋反,怎么冒出个唐伯虎来?

我想告诉大家,你们没看错,写的就是唐伯虎,他确实存在于宁王反叛的过程中,虽然他不是主角,可是作为众所周知的人物,我们就来侃一侃,让大家了解一个苦命悲惨的唐伯虎。

周星驰的《唐伯虎点秋香》刻画了一个才华绝世、玩世不恭的风流才子唐伯虎,可是这毕竟是荧屏上虚构的情节,历史上真正的唐伯虎可没这么潇洒。

唐伯虎的一生可谓是坎坷悲惨。年轻之时,唐伯虎也算是才华绝世,年纪轻轻,就享誉江南。中国古代的读书人都有一个梦想,那就是科举高中,仕途顺利,唐伯虎也不例外。年纪轻轻、才华横溢的他也走着正常的轨道,去参加科举考试。

也许是上天过于嫉妒他的才华,唐伯虎深陷于一场科举舞弊案之中。科举无路,仕途无门,悲哉悲哉,从此唐伯虎对仕途心灰意冷。官场不利也就罢了,婚姻生活也跟着不顺起来,他的妻子看到他的穷酸样,整日唠叨不停,最终他们的婚姻结束了。这个时候,亲人也出来捣乱,弟媳又要与他分家,这让唐伯虎一下子绝望了。

无依无靠、众叛亲离的唐伯虎体会到了世态炎凉,他开始看破人生，云游四海。而这段时期，也成为他人生的高产期，他的内心归于平静，艺术修养也大大提高，所以创作了很多著名的作品。之后他回到老家，以作画为生，日子过得虽然清贫，也算是自得其乐，特别是他娶了另一任妻子沈氏之后，日子又开始潇洒快活起来。

只是唐伯虎命运多舛，他的妻子沈氏没过多久就去世了，唐伯虎一下感觉人生原来如此的绝望。恰巧此时，宁王朱宸濠将他从这种人生低谷中拉了起来。

朱宸濠早就听说了"江南第一风流才子"唐伯虎的美名，于是将他招募过来出谋划策。唐伯虎本以为上天并没有忘记他，所以给他这样一个重出仕途的机会，只是当他到了宁王府之后，才发现上天是不会怜悯他的。

原来唐伯虎到了宁王府之后，方发现宁王的真正目的。宁王蓄养了一批亡命之徒，除了杀人越货之外，还在暗中打制兵器，习兵练武，这是要图谋不轨，起兵造反啊。

此时唐伯虎心想，我早年莫名其妙地陷于科举舞弊案之中，已经名声不好了，好不容易想开了，跌跌撞撞地活到今天，难道上天又要跟我开玩笑，让我晚节不保？这个我是绝对接受不了的。可如今我身在宁王府中，已知内幕，想要出去，那就只有死路一条了。

想来想去，唐伯虎想出一绝招——装疯卖傻，这一招式，当年燕王朱棣也用过，可谓是屡试不爽。这一次，唐伯虎做得更绝，他竟装疯卖傻到裸奔的地步。其实也不能怪唐伯虎，谁让这个宁王也不是个省油的灯，单单的装疯卖傻哪里能逃过一劫啊！

最终，唐伯虎靠此方式逃过一劫，得以保全性命。不过唐伯虎真的是命运太悲惨了，没过几年，他就与世长辞了，真可谓悲凉无奈。

唐伯虎的故事只是一个小插曲罢了，我们继续回到正题。

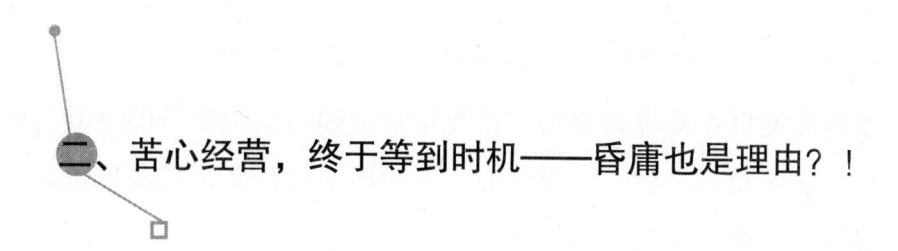

二、苦心经营，终于等到时机——昏庸也是理由？！

朱宸濠经过各方面的苦心经营之后，也算是准备就绪了，现在他只等待着一个适当的机会起兵造反，别急，这个机会很快就到来了。

1. 苦心经营，大装孝贤

朱宸濠在十几年的准备时间里，可谓是忍气吞声，费尽了心机。他首先用的招式便是在皇帝跟前装可怜，装孝贤。

正德九年，朱宸濠上奏皇帝，说是自己管辖范围内的皇族"巧索民财，肆其横暴"，所以请求"潇洒帝"朱厚照下旨，允许他来审讯和惩罚这些坏人。

这个朱厚照不仅是个"潇洒"皇帝，也是个"傻子"皇帝，当他听到朱宸濠的上奏之后，开心极了，他以为在自己的"英明"统治之下，宁王都百依百顺、专心致志做自己的本职工作了。其实在此之前，就有人告发朱宸濠，说他图谋不轨，可是"潇洒帝"朱厚照反而把这当做诽谤置之不理，这一次，他更是直接褒奖了朱宸濠。

之后朱宸濠又花重金买通了钱宁、臧贤等奸佞小人，这帮人不是皇帝的亲信，就是皇帝十分喜爱之人，所以深得皇帝器重。而朱宸濠买通他们，要他们在昏庸的皇帝面前不断称赞自己在南昌如何孝廉，如何勤政爱民，如何把南昌治理得路不拾遗。

当亲信把这些消息报告给朱厚照之时，"傻子"皇帝就更加深信不疑了，于是明武宗朱厚照"用异色龙笺，加金报赐"。这异色龙笺可不是寻常之物，按规矩它是赐与监国身份的书笺。所以朱宸濠得到之后，非常开心，竟摆出个仪仗队来接受这份非比寻常的贺礼。

这个朱宸濠得此嘉奖，更是得意忘形，竟然装孝贤装上瘾了，于是他又强迫南昌府官员、学生、男女老少共同上奏章来表彰自己的孝与勤，古代的万民书的力量是强大的，所以这次朱厚照自然又是一番褒奖。

2. 大刀阔斧，排除异己

皇帝都搞定了，接下来的第二步就是大刀阔斧，铲除异己。没有挡路之人，自己的叛乱之路自然会更加顺畅。

正德八年（1513年）九月，右佥都御史王哲巡视江西，他发现朱宸濠在暗中密谋造反。这个时期，朱宸濠也在到处拉拢官员，正好王哲来了，那就劝劝呗，没想到王哲倒是生性耿直，直接拒绝了他。

既然你已经知道了我的意图，那就别想活着回去了。所以朱宸濠在宴请王哲之时，于酒菜中下毒，王哲当晚便一命呜呼。对于王哲的死，官方报告是暴病而死，但是朱宸濠的狼子野心大家都心知肚明，只是敢怒不敢言。

王哲只是朱宸濠众多障碍中的一个，朱宸濠排除异己的行动可谓是快、狠、毒。

正德九年三月，江西副使胡世宁上疏弹劾朱宸濠，曰"江西患非盗贼。宁府威日张，不逞之徒群聚而导以非法……"宁王朱宸濠听到这个消息之后，极为愤怒，于是给胡世宁列出很多莫须有的罪名，再次贿赂皇帝身边的奸佞小人，希望杀了胡世宁。

只是这次朱宸濠没有得逞，但是他并不罢休，再次上书说胡世宁妖言惑众。在宁王党李士实、石阶等的挑拨离间下，胡世宁被抓进大牢。后来在朋友至交的帮助下，胡世宁逃过一劫，被贬沈阳。

正德九年，朱宸濠买通官员，希望能够恢复自己的王府护卫。这个时候，负责起草诏书的大学士费宏又成为朱宸濠的绊脚石。因为费宏拒绝批准这道命令，所以宁王一直怀恨在心。于是他又贿赂小人，在皇帝面前诬陷费宏，这使得费宏不得不辞官还乡。朱宸濠哪里肯就此罢休呀，在费宏回家途中，朱宸濠又派出暗杀团队，只是他没有得逞，费宏的船只被焚烧，死里逃生。

费宏不死，朱宸濠绝不甘心。正德十七年（1518年），朱宸濠又派出他的土匪队伍袭击在江西东部过退隐生活的费宏。他们挖开费宏先祖之墓，还烧杀抢掠乡民二百多家，弄得费宏老家民不聊生，都这样了他们还是不罢休，又抓获费宏亲戚，将他们肢解，真是狠毒啊！好在费宏跑得快，又躲过了一劫。

正德十二年（1517年），阎顺、陈宣等人再次赴京弹劾朱宸濠，可惜朱宸濠早已买通了钱宁等朱厚照的亲信，结果可想而知，弹劾失败，阎顺等人被发往孝陵卫充军。

朱宸濠不仅狠毒，还是个多疑之人。他杀阎顺等人不成，于是便怀疑到承奉周仪的头上，并且杀害了周仪及其家属60多人，还杀了典仗查武等数百人。

这些只是朱宸濠为清除障碍杀害的一部分正直官员，还有很多人也死在朱宸濠的刀口之下。如此狠毒的朱宸濠，真是死一千次一万次也不让人解恨。

3. 被人告发，狗急跳墙

朱宸濠的反叛行动搞得是轰轰烈烈，而检举朱宸濠的正义之声也是此起彼伏。这个时候，江西巡抚孙燧察觉到了朱宸濠的图谋不轨，于是他开始加强南昌防务，这个不大不小的动作让朱宸濠内心极为不舒服，于是他多次暗示孙燧，让其离开南昌。

孙燧也是个爱国之士，宁王都要叛乱了，身为父母官他怎可坐视不理，于是孙燧接连向皇帝递送了七份关于宁王谋反的报告，不厌其烦的一遍遍地说，宁王的确要反叛。可是宁王朱宸濠毕竟有几把刷子，他从上到下打通关系，把皇帝朱厚照哄得团团转，所以皇帝还是对孙燧的奏疏不理不睬。

不过纸终究包不住火，宁王朱宸濠的密谋反叛正一步步浮出水面。

没过多久，江彬为了打倒他的对手钱宁，便在皇帝跟前揭发钱宁很早就开始和宁王勾结，可是检举力度不够，皇帝还不够重视，接下来江彬和太监张永勾结，继续弹劾钱宁，以引起皇帝的重视。

接下来江彬继续上奏，说"百官贤当升，宁王贤欲何为？且将置我何地耶？"事情已经明白到这个份上了，"傻子"皇帝终于感觉不对了。皇帝心想，这个朱宸濠吹嘘自己吹嘘得的确有些过分了，他难到真的要图谋不轨？

太监张忠见皇帝有所怀疑了，就继续开始添油加醋，他趁机说："贤称宁王孝，讥陛下不孝耳。称宁王勤，讥陛下不勤耳。"

这种话皇帝不爱听，可是细细想想还是有些道理的，你朱宸濠分明是像他们所说的，在给我下马威，给我难看嘛。于是朱厚照明白了一回，立即下诏书驱逐宁王派到京城的人。

后来御史萧淮又上奏武宗，揭发朱宸濠图谋不轨的罪行，他在奏疏中很明确地指出："宁王不遵祖训，包藏祸心，招纳亡命，反形已具……不早制，将来之患有不可胜言者。"

经过孙燧、江彬、萧淮等人一连串的指控，明武宗朱厚照终于感觉到事情的不妙了。他这次也狠了一把，立即派崔元、颜颐寿、赖义等人携圣旨前往南昌，没收王府护卫，并强令宁王即刻归还不义之财和所夺田产。

宁王朱宸濠被多番轮流指控之后，他自己先乱了阵脚。他觉得自己的行迹已经暴露，如今只有继续造反下去，一条路走到黑，而如果挺过来了，天下就是他的了。

正德十四年（1519年）六月十四，朱宸濠带领他的反叛军，在南昌正式起兵叛乱了。宁王毕竟是皇室成员，所以他为自己的造反就像当年燕王朱棣"靖难之役"一样，打出了正义的旗号，还发布消息说朱厚照不是弘治皇帝的亲生儿子，只是个平民罢了，起兵入朝之事，乃是奉了太后之命。

这日，恰逢朱宸濠的生日，所以他大摆宴席，宴请各方官员。其实他的目的是在这次宴会中，向各位官员表达他的意图，并希望他们眼睛放亮点，都来支持他，如若不然，那就只能格杀勿论了。当然这群官员早就被朱宸濠的官兵团团包围了。

当朱宸濠当着众多官员的面说有太后诏书之时，江西巡抚孙燧立马站出来要求看太后的诏书，但是被拒绝了，于是孙燧便立即指控宁王谋反。孙燧真是个铮铮铁骨的汉子，他明知此时站出只有死路一条，但是他仍旧大义凛然地站了出来。

结果可想而知，江西巡抚孙燧、江西按察副使许逵等几个不愿合作的官员光荣殉职了。而其他官员见此情景，只能被迫顺从宁王。

接下来，宁王朱宸濠在南昌自立小朝廷，年号顺德，以李士实、刘养正为左、右丞相，以参政王纶为兵部尚书，接下来便集结官兵，发布檄文，开始浩浩荡荡的叛乱了。

三、造反有理，谁让太祖起义——祖宗都是浮云？！

1. 太祖起义

对于宁王朱宸濠而言，他造反并不是无理取闹，他有着他自己的理由，并且影响他世界观的有几个响当当的人物，其中一个是明太祖朱元璋，另一个是明成祖朱棣。为什么是他们两位呢？

在朱宸濠看来，当年太祖起义，成功击垮元朝，建立明朝政权。而明成祖朱棣对他的影响就更大了，燕王朱棣既不是嫡长子，又不是嫡长孙，但是他却敢发动"靖难之役"，成功夺得皇位。他们都可以起义，都可以造反，我朱宸濠为何就不行呢？抱着这样的态度，宁王朱宸濠也开始造反了！

不过，明太祖朱元璋起义夺取元朝的政权和宁王的起兵造反还是有很大差距的，原因主要有几点：

一是朱元璋从小家境贫苦，加之那个年代，元朝政治腐败，致使民族矛盾和阶级矛盾激化，屋漏偏逢连夜雨，连年天灾使得贫苦农民走投无路，此时又逢瘟疫，朱元璋的父母兄长均死于瘟疫之中，为了活命，他们便组织起来，发兵起义拼出一条血路。而宁王朱宸濠乃皇亲国戚，从小不愁吃不愁穿，更无性命之忧，所以他和太祖起义还是差距很大的。

二是太祖朱元璋发兵起义灭掉的是元朝政权，夺过来了，国家也跟着改名改姓了。而宁王反叛是想夺自家兄弟的饭碗，夺过来的江山还姓朱，还是大明王朝。

三是太祖起义有着正当的理由，那就是反抗元朝暴政，他们还打出了"驱逐胡虏，恢复中华，立纲陈纪，救济斯民"的口号。而宁王的理由就有些牵强了，政治腐败，反对宦官统治还可以，不过宁王搞出个明武宗朱厚照不是弘治帝的亲生儿子，这就有些过分了，就算是造反，你也不能胡说八道吧。

在这几个主要理由下，明太祖朱元璋带领着浩浩荡荡的起义军队伍，经过多次北伐战争，终于击垮了元朝政权。虽说也有很大伤亡，但是正义最终取得了胜利。所以太祖起义最终载入史册，而太祖朱元璋的光荣事迹，则成为教科书中的正面教材。

2. 燕王靖难

既然宁王反叛和太祖朱元璋发兵起义根本无法相提并论，那么他的反叛也和燕王朱棣的"靖难之役"有所类似吧。可以这么说，可是宁王朱宸濠怎么就差燕王朱棣那么远呢。

当年燕王朱棣成功发动"靖难之役"，将侄子建文帝赶下台，成功夺得皇位，可谓是为后世亲王想要谋反做了极好的表率，可是宁王朱宸濠和燕王朱棣比起来，还是差了一大截子。原因主要有几点：

首先，和朱宸濠比起来，燕王朱棣更有抱负，更有真才实学。

朱元璋从小就没读过几天书，所以他的子女从小就接受了封建正统教育，而且还从小练兵习武，以健体强志，朱棣就是其中一员，而这也为朱棣成为一名优秀的青年才俊奠定了基础。而朱宸濠则是一名文艺青年，他眼高手低、奸诈多疑，他还追求享乐，比起朱棣真是差了很多。

其次，朱元璋上台之初，给了各属地藩王很大的权利，如今建文帝一上台就大动干戈地削藩，这明摆着要打压藩王势力，那以后还怎么混下去。建文帝的削藩行动严重引起了分封藩王的不满，所以最有势力的燕王便起兵反叛了。而朱宸濠在明武宗时期，虽说也是众多藩王之一，但是削藩已经不是一年两年的事情了，祖宗多少辈都过去了，对于削藩，大家已经麻木了，所以他没有理由因削藩而站出来谋反。

再次，燕王反叛有着自己强大的内部资源，最起码燕王的一个姚广孝，就抵得上朱宸濠的一堆谋士了。除此之外，燕王的实力要远远强过朱宸濠，这毕竟是明朝的第一次削藩，燕王朱棣手头还是掌握了更多的军事、政治大权，这也注定他的反叛要比朱宸濠的反叛成功基数高很多。

最后，燕王朱棣比宁王朱宸濠更善良。燕王反叛没有去大肆抢劫，没有去强抢强占，而朱宸濠就不同了，他集结了一帮亡命之徒，烧杀抢掠，杀人越货无所不干，弄得南昌民不聊生，严重影响了社会治安，他还多疑善妒，杀了朝廷无数正直的官员，就这一点，也积累了无数民怨，为他的反叛失败埋下了伏笔。

综上原因，燕王朱棣最终能够造反成功。登帝位之后他又做出了不少的贡献，例如编修永乐大典、派遣郑和下西洋等等，所以他也成为历史上颇有名气的皇帝。

3. 宁王反叛

宁王反叛的狼子野心在上文中已经说了不少，在此就不多赘言了，但是有一点必须得提一下，那就是继明成祖朱棣以后，藩王势力更是大打折扣，亲王的经济、政治等各方面的权势是一代不如一代，到后来就直接是个空架子，根本没有实权。

虽然中间也有过几次亲王造反，但是和皇帝的军队比起来，那简直就是鸡蛋碰石头。所以宁王造反篡位，那比登天还难，这些客观原因都注定了宁王反叛的失败，而他也成为了众多历史悲剧中的一员。

拾壹 阳明苦战建功——你搭台、我唱戏

早在王阳明主持修建王越墓之时,他的军事才能就有所显露,但是真正的带兵打仗,他却从来没有干过,直到江南出现了大批的匪患。

正德三年开始,赣、闽、湖、广四省的边境地区,盗匪四起、日渐猖獗。正德六年夏,朝廷开始派人去江西、福建等地剿匪,但是成效不大,所以剿匪之事就一直拖着,直至王阳明临危受命。

正德十一年(1516年),王阳明被任命为"都察院左佥都御使"(正四品),同时巡抚南安、赣州、汀州、漳州等地。上任之后,王阳明发挥各项军事才能,在很短的时间里便平定了江南匪患,这在当时,引起了极大的轰动。

王阳明剿匪立功,朝廷又派他去福建剿匪,这个时候宁王朱宸濠开始公开反叛了,这个时机,王阳明也完成了人生又一伟大的功业,那就是平定宁王之乱!

一、攻心反间战——赌的就是你怕死

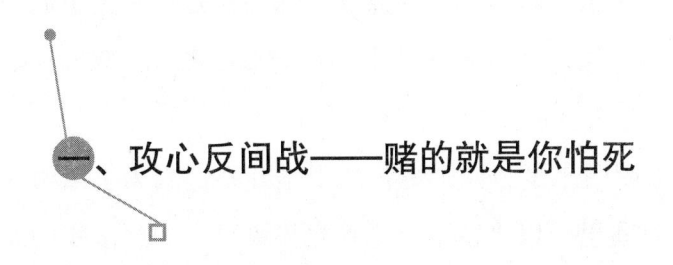

王阳明熟读兵法，正是依靠这些，他成功地平定了江南匪患，而在平宁王之乱之时，他更是善于治军和善用奇计，而他的第一步便是攻心计。

1. 第一招：冀元亨赴宁王府讲学

话说正德年间，江西有个宁王，于是乎，江西成了全国最为动乱的地方。宁王朱宸濠意图谋反，蓄养大量亡命之徒，他们在江西烧杀抢掠，无恶不作，致使江西混乱到了极点。

社会混乱了，自然需要政府出面治安，可是宁王太霸道了，朝廷安排了一批批的江西父母官，可是他们在宁王的淫威下，不是死就是走，没有几个有好下场的，所以官员都不愿意去江西赴任。但是这么大的江西总得有人来管辖吧，于是朝廷继续派人去管理江西，孙燧就是其中一人。

孙燧的职位是江西巡抚，按理说，这不是个小官，好歹是朝廷的正三品大员，很多人爬了一辈子都没爬上去，可是孙燧了解江西的情况，所以他有一百个、一千个不情愿。可是朝廷的命令他不能违抗，安排好家人以后，孙燧便硬着头皮去上任了，而他这次赴任，是抱着死的态度去的。

183

一上任，宁王朱宸濠就和孙燧过起招来。朱宸濠多次宴请孙燧，希望他能看清眼前形势，投靠过来。可是孙燧不吃他的那一套，而是坚持劝阻宁王，希望他不要谋反，因为那是一条走不通的路。两个人都是拗脾气，互不买账，斗法多个回合之后，双方都毫无战果。

　　就在这时，王阳明来了，而孙燧自然很是开心，因为王阳明在来江南一年多的时间里，以迅雷不及掩耳之势剿灭了为患多年的匪徒，并因此闻名天下，此时王阳明又被派往南赣剿匪，那不是天助我孙燧也？

　　可是事情并非孙燧想得那么简单，江西现在是宁王最大，他又是皇亲国戚，处理这种皇室内部的事情，稍有一步走错，就要掉脑袋。当年燕王朱棣就起兵反叛成功了，如若这次宁王谋反成功，就是孙燧和王阳明全家性命搭进去，也不够宁王杀的，说不准连祖宗十八代都会从坟里挖出来呢。

　　王阳明早早就意识到了这一点，所以他不愿意去趟这趟浑水，但是孙燧已经请了他，而且这件事也关系到朝廷的安危，所以总得有所表示。于是王阳明再三考虑之后，小心翼翼的派学生冀元亨去宁王府讲学，说是讲学，其实就是去当说客，而且是随时可能掉脑袋的说客。放在兵法里，这也算得上是攻心计了。

　　王阳明及他的心学，在那个年代可谓是极具影响力，不知心学到底有何魔力，一大批文人志士都成为了王阳明的学生，并且他们为了心学奋斗终身。这一次，王阳明和冀元亨也希望能够通过心学强大的魅力，让朱宸濠悬崖勒马。

　　不过朱宸濠并不是那么好对付的。冀元亨到了宁王府之后，便按照王阳明的嘱咐，专心开始讲学。一开始他讲的不是心学，而是张载的《西铭》，为什么讲这一篇呢，这其中自有安排。

原来《西铭》中讲了这样意味深长的一段，主要就是说应该顺从天意，这样就会过得心安理得。讲给宁王听就是希望他乖乖做他的王爷，造反不是他应该做的事。

可是此时的朱宸濠已经准备造反十几年了，可以说反叛的思想早已在他心中根深蒂固，你区区几句话就能打动我？刀架在我脖子上我都还要继续造反呢！

所以冀元亨的初步目的没有达到，不过两个人都打着自己的如意算盘呢。冀元亨希望自己继续讲学，用强大的心学感召朱宸濠，朱宸濠则是希望拉拢冀元亨这样有才华的人，所以两个人为了各自的目的继续努力着。

冀元亨在宁王府继续讲学，他大谈心学，大谈和谐，大谈圣贤之学，可是朱宸濠对此压根不理。反过来呢，朱宸濠竟然对冀元亨讲起了自己想要造反这个伟大的人生理想。

人生有一大悲哀就是孙悟空碰到了唠叨不停的唐僧，而此时朱宸濠就是孙悟空，冀元亨就是唐僧。终于有一天朱宸濠忍不住了，主动去找冀元亨，虽说他没有像孙悟空那样暴打唐僧，但是他却拿出自己引以为豪的理由：明成祖朱棣的江山就是靠造反夺下的！

冀元亨给朱宸濠多方对比，但是他发现，朱宸濠脑袋早就塞了铅，任何话都听不进去了。最终冀元亨被赶出了宁王府，所以第一招讲学攻心惨淡收场。

2. 第二招：老将出马

冀元亨没有完成王阳明赋予他的使命，不过这不是他的错，是朱宸濠太冥顽不灵了。既然小将不行，那就老将出马吧，毕竟姜还是老的辣，于是王阳明亲自上阵了，可是结果会如何呢？

在王阳明看来，宁王没有真正造反，那自己走的任何一步都得小心翼翼，毕竟这是和老王全家，乃至祖宗十八代生命和荣誉挂钩的东西，再三思量，他决定还是继续去当说客。

王阳明毕竟还算小有名气，朱宸濠对他的学问也是崇拜有加，所以没过多久，朱宸濠主动摆好了宴席请王阳明赴宴。吃过宁王府饭的人都知道，宁王家的饭不是说吃就能吃的，这次王阳明也明白，这顿饭说不准就是鸿门宴了，不过他还是大义凛然地去了，就当是去探探底吧。

宁王和王阳明在酒桌上一边喝酒吃菜，一边大谈学问，大谈理想，正事大家都不肯提。不过心高气急的朱宸濠先忍不住了，他主动为王大先生斟酒，吹捧一番之后，希望能够拜王阳明为师。王阳明当然是绕着弯打击朱宸濠了，他说朱宸濠是不会放弃王爷的爵位来做他的学生的。

朱宸濠不肯罢休，装出一副心忧国家的样子，继续大谈起当今政治的腐败以及人生理想。不过对于这样的太极招式，王阳明压根不理，又将他打了回去。不过朱宸濠的谋士李士实忍不住了，大拍桌子和王阳明理论起来，于是历史上留下了这段著名的打太极式的一问一答：

李士实："世岂无汤武耶？"

王阳明对曰："汤武亦须伊吕。"

朱宸濠回答："有汤武便有伊吕。"

王阳明接言："若有伊吕，何患无夷齐？"

从这段问答中，我们可以看得清楚明白，朱宸濠把明武宗朱厚照比作昏庸残暴的商纣王，而把自己比作周武王，而他更希望王阳明能识时务，做伊吕来辅佐与他。只是王阳明又打了回去，意思是有了伊吕还是有伯夷、叔齐（商朝忠臣）这样的反对者。

这场宴会看似波澜不惊，其实气氛已经惊险到了极点，朱宸濠不爽啊，你个王阳明这分明是要跟我对着干啊！王阳明也内心忐忑，你朱宸濠谋反之心已经昭然若揭了，我再劝下去说不准就把你逼急了，那我就得悲催地死在这里呀。

到了这个份上，王阳明也不敢多说一句，多亏有人出来打圆场，而王阳明也得以喘口气，一溜烟赶紧回家去了。

第二回合老王也最终惨败而归，看来对于那些冥顽不灵之人，攻心之计不见得会有成效。

3. 第三招：攻心反间

经过两个回合的战斗，王阳明代表的正义一方都败下阵来，但是打倒恶势力是王阳明的最终目的，所以他也并没有就此放弃，而是继续想着办法，没过多久，机会就来了。

正德十四年，朱宸濠在朝廷之中的权佞为了互相争夺权力，于是纷纷倒戈，站出来揭发朱宸濠的谋反意图，这个时候，朝廷的忠君爱国之士也纷纷出来披露朱宸濠的罪行，造反这般明显了，明武宗朱厚照才有所察觉。

他首先驱逐走了京城的宁王之众，然后派朝廷官员赶赴南昌收回王府护卫，并有人谣传说京城有官员来逮捕他。

朱宸濠一听有人要来逮捕他，这下着急了。这明摆着就是他的造反计谋暴露了呀，于是他召集他的那帮谋士开了个会，最终大家决定：密谋泄露，起兵造反。

接下来孙燧、许逵等人被杀，其他官员被逼着投靠于宁王朱宸濠，而这也标志着宁王正式造反了。这对王阳明来说是个绝好的时机，因为他终于有正当理由起兵讨伐宁王了。

对待宁王，可不能像对待江南土匪那般，毕竟宁王手下集结了号称十万大军的流氓、地痞、无赖，稍微一个不小心，就会输得体无完肤，还会输掉大明的江山，所以王阳明对待此事格外小心。他首先积极备战，调配官兵口粮，然后整修兵器盔甲等，一切就绪之后，他便发出讨伐宁王的檄文，其中公布了宁王的多条造反罪状，要求各地官兵积极配合，起兵勤王。

这个时期，王阳明剿匪立功，可谓是名声大噪，所以他此时号召大家声讨宁王还是很有成效的。官员们看到王阳明都发了檄文了，那说明宁王一定是在造反了，于是大家一呼啦的都投向王阳明，向宁王举起了讨伐大旗。

其实在王阳明发布檄文之前，还有一段这样的插曲呢：当时福建军队哗变，王阳明便被派往了福建处理事务，所以他错过了宁王的鸿门宴，也算逃过一劫。处理完福建事务，王阳明便火速赶回江西，目的是看看宁王造反发展到了什么情况。

还没进入南昌地界，不好的消息就传来了，宁王带领十万大军，已经开始造反了，如今九江已被攻破，正准备进军南京。王阳明听到此消息，顿时心里咯噔一下。

进军南京，这可大事不妙啊，如果宁王攻下南京，那么他至少可以于南京割据，也就是有了称帝的本钱，南京一旦失守，那将使得江南处于宁王的控制之中，这个时候再想消灭宁王就不容易了。如今最好的办法就是把宁王困在南昌，消灭在江西境内。

可是此时问题又出现了，要消灭宁王，就要有足够的兵力来对付宁王的十万亡命之徒，而此时王阳明手头却无一兵一卒，这仗该如何打下去，办法只有一个——招兵平叛！

远水解不了近火，此时最好的办法就是先集结起江西境内的官兵。这个时候，王阳明想到了吉安好友伍文定，对，就去找他，于是王阳明一行便乘船前往吉安府。

可是天公不作美，偏偏刮起逆风，王阳明此时万分着急啊，在这种万分无奈的情况下，王阳明竟信起神明来，竟然摆起香炉，向天借风。说也奇怪，王阳明一番祷告之后，逆风变成了顺风，于是王阳明一行便火速离开。

不过朱宸濠的追兵也趁着这阵顺风，火速追了上来。这样下去如何是好？王阳明心想一定要摆脱追兵，于是他便使了一招调虎离山之计。他让众人脱下官服，换上便装，登上小渔船躲躲藏藏前往吉安府。

此去吉安，王阳明的目的是寻求援助，招兵平叛，可是招兵不是一天两天的事，所以一定先得想办法拖延朱宸濠向南京进军，放心，这个王阳明早就想好了。

王阳明知道宁王的军事水平不高，于是他便发布大批檄文和假情报，虚张声势，扰乱宁王的视线，让其不敢轻举妄动。王阳明还知道朱宸濠多疑，所以他早早安排了一出反间计，以便拖延宁王进攻南京。反间计主要内容如下：

王阳明以提督的名义偷偷写了一封密信，内容主要是说："宁王造反，行迹暴露，朝廷要严惩之。我奉朝廷的密令，率军四十多万前往江西以便接应其他官兵，请你们提前准备好粮草。你们目前就使劲说服宁王发兵南京，事成之后，必有重赏。"写完之后，王阳明将信藏在蜡丸里。

既然是反间计，那这信是写给谁的，又是想让谁看到呢？原来这封信主要是想离间朱宸濠和其部下，所以收信人便是朱宸濠的谋士李士实和刘养正。可是怎样才能让朱宸濠看到这封信呢？

于是王阳明派人抓了李士实和刘养正的家人，然后故意让他们的家人看到送信之人以及密信，做足功夫之后，便放他们回去，让他们通风报信去。

这帮人自然会去通风报信，而朱宸濠自会派人来抓送信之人，于是乎，这封密信宁王朱宸濠就有幸目睹了。看到密信，朱宸濠凌乱了，各路大军已经做出合围态势，就要朝我而来了，此时该如何是好？还有我的谋士竟然投靠朝廷，故意让我进攻南京？看到这些，朱宸濠果真上当，不敢轻举妄动。

王阳明的这一招总算是成功了，而这招反间计不仅离间了朱宸濠的核心力量，也为王阳明调动军队平叛宁王赢得了充足的时间。

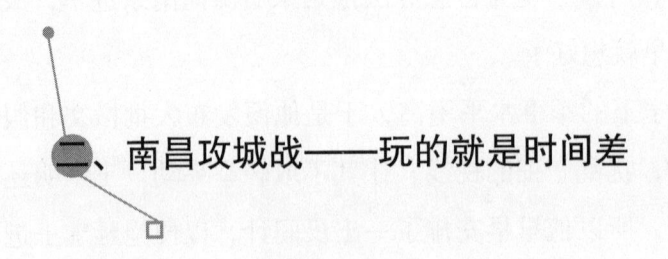

二、南昌攻城战——玩的就是时间差

在这场对抗宁王的战斗中，王阳明发挥毕生所学，用了多种兵法，配合层层计谋，总算是一步步突围了，接下来就是要集结军队，攻下南昌城。

1. 防守南京，做足准备

王阳明对朱宸濠使出的各种招式，目的只有一个，那就是拖延朱宸濠进军南京。如今反间计成功，王阳明便有了足够的时间调兵遣将。在调兵遣将的同时，王阳明还在积极准备着另一件事情，那就是多方布防，防守南京。

对于王阳明而言，他不敢肯定他的计谋能否成功，纵然朱宸濠军事水平不高，可是王阳明散布的都是些假消息，一旦被识破，那么朱宸濠定会举兵南京，而王阳明手头又没有兵力可以抵抗，那南京必将失守，而朝廷也将处于风口浪尖之上。

如今王阳明的战略暂时扰乱了朱宸濠的视听，所以布防南京就成了当务之急。王阳明一边调兵，一边写信多番嘱咐南京方面做好防守准备。王阳明的名头还是很大的，加上失城之责谁也承担不起，所以南京的防守工作很快就做好了。

如今南京城已经防守得固若金汤，宁王想要再攻城已不可能了，所以王阳明便放心地去调集军队了。

2. 攻打安庆，失败告终

一般来说，骗人的终究是把戏，总会被人识破的，而朱宸濠也没那么傻，当自己的密探不断回报没发现任何官兵行动时，朱宸濠终于发现自己上当了。

朱宸濠发现自己中了王阳明的缓兵之计之后，便留了一万多名官兵防守南昌，其余的九万人浩浩荡荡地杀往安庆。

安庆，自古乃兵家必争之地，距南京250多千米，是南京上游的重要屏障，一旦失守，长江沿岸将轻而易举地落入他人之手，那么整个江南将处于混乱状态，所以安庆的防守工作向来都做得比较好。

可是这个时候，虽说朱宸濠中了王阳明的缓兵之计，按兵不动半个多月，此时出兵安庆，安庆即便防守再好，对此也无能为力，朝廷对此也无可奈何，所以没过多久，朱宸濠就攻下了安庆城。

此时朱宸濠已经出兵了，而王阳明手头却仍旧没集结到多少士兵，大家对他的檄文似乎没有多大反应，无奈，王阳明只能再次假传指令。

这次他以四省提督军务的身份，向广东、福建等地请求援兵，希望大家能够站出来共同抵御宁王。而对于各府县，王阳明则要求他们集中全部兵力，半个月内必须赶到，与伍文定一起往樟树进发。

这番折腾也算没有白费，半个月后，各府县的军队终于集中了，共计三万余人（对外号称三十万），而王阳明也只能带着这批士兵硬着头皮向宁王进发了。

此时，大部分官员认为应该围攻安庆城，让朱宸濠处于四面包围，多方受敌的状态。

可是王阳明清楚当时的局势，想要包围安庆，就得越过九江南康，而朱宸濠不傻，早早就在那边布好了防守，一旦绕道过去，那就很可能和朱宸濠的防守部队对上了，而自己的这点部队，绝不是朱宸濠的对手，这样反而会使自己陷入腹背受敌的状态，所以这条计谋行不通。多方考虑之后，王阳明认为朱宸濠此时后方空虚，应直攻南昌。

3. 转攻南昌，大得民心

经过仔细部署之后，王阳明便开始攻打南昌。一般来说，不战而屈人之兵是战争的最高境界，而此时，王阳明也想尽量减少伤亡，毕竟自己只有三万余众，所以他又开始大用计谋了。

首先，王阳明将三万余众的军队分了十几路；其次十几路军队采取伏击策略，对朱宸濠的防守部队各个击破；再次，派出一股部队散播告谕。

告谕的对象主要有四种，第一种是南昌城中的平民百姓。对于他们，发布的告谕内容主要是这样的：宁王造反，搞得民不聊生，如今我率兵三十万前来平反，大家莫要惊慌，安心待在城中等待解放，如果没事跑到街上溜达，误杀别怪我。

第二种告谕对象是部分投靠宁王的留守官员。对于他们，王阳明采取乱心之计，告诫他们：识时务者为俊杰，破城之时，你们要明白事理，站稳立场，如若顽抗，格杀勿论。

第三种是坚守南昌城的宁王军队。王阳明不厌其烦地对他们讲：你们这些叛军，要看清形势，破城之时，顽抗的杀无赦，放下武器投诚倒戈的必有重赏。

第四种是专门针对宁王府的人，告谕内容主要是：破城之日，希望你们配合一点，直接打开府门，当然你们也不必惊慌逃跑，只需管好府库，缴械投降。

这几招非常有效，不仅拉拢了民心，也直接削弱了宁王军队的战斗意志。没过多久，王阳明就以极少数的伤亡顺利攻下了南昌，而南昌城中的各色人物也大都归降了王阳明。

其实在王阳明还未开始攻打南昌之时，朱宸濠就感觉到了事情的不妙。朱宸濠发现，王阳明虽没攻打安庆，但是他却把部队驻扎在丰城，这不是打算对自己的老巢南昌下手啊，于是他便和李士实等人合计起这事，看看该不该撤回南昌。对此，李士实回应道，不要理会南昌，应该继续进军南京，而刘养正的意思也是继续直逼南京。

多疑的朱宸濠心里就更不舒服了，密信上说你俩是朝廷内应，目的是劝我去南京送死，我虽搞不清这信是真是假，但是你俩做得也太直接了，难道你们真是朝廷内应，那我偏偏不听你们的，我就要回援南昌！

接下来，朱宸濠便率领部队火速赶回南昌救援了！

三、鄱阳湖水战——打的就是落水狗

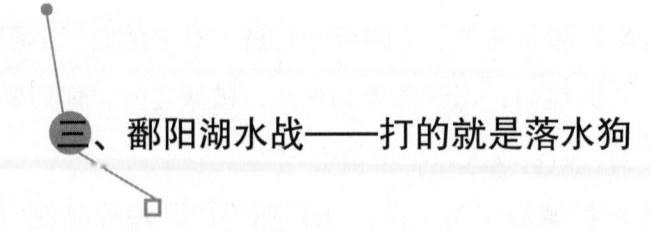

1. 兵分五路，迎战宁王

王阳明攻破南昌，朱宸濠一着急，便带领官兵火速赶回南昌救援。在鄱阳湖，王阳明将朱宸濠的部队拦下，一场轰轰烈烈的鄱阳湖水战就此展开了。

但是朱宸濠的剩余六万多官兵很快就杀回了南昌。虽说此时朱宸濠经过了安庆攻城战和多个小战役也损失不少士兵，但是比起王阳明的三万余兵，在兵力上还是占很大优势，所以王阳明必须得精密部署，才能赢得这场战争的主动权。

于是王阳明将三万大军分成了五路，其中四路分兵迎击回援南昌的宁王大军，另外一路则沿途设伏。如此战斗策略的确收到了不小的成效，经过几次交战，宁王的军队很快被夹击，而且被断断续续分割成几块，无法集体作战。

这种游击式的战斗策略让宁王军队吃尽了苦头。屡战屡败之时，宁王的军队又中了王阳明之众的埋伏，又溃败一场，只能落荒而逃，退守到八字脑地区。

就在王阳明军队屡战屡胜之时，前方的伍文定军队却出了点状况。原来朱宸濠的两万先锋在回援南昌之时，朱宸濠暗中安排了一千精锐偷袭南昌，想有所突破。王阳明知道后，派出伍文定带领五百骑兵前去部署迎战，没想到双方还未到达目的地就在半路碰上了。伍文定未做好部署，加之军队比起朱宸濠的更少，所以便惨败而归。

这种时刻兵败，严重挫伤了王阳明一方的锐气，甚至有人提出要退守南昌。王阳明一听就着急了，立马召集部下开会，向大家说明了三点：

其一是伍文定之败，按理应军法处置，但是如若能戴罪立功，便可免除惩罚；其二是我们才是正义的一方，我们站得正，走得直，所以更有斗志，而宁王军队是在造反，他们本就心虚，也就更贪生怕死；其三是宁王之众从安庆回援南昌，虽说他们比我们人多，但是他们一路奔波，战士疲弱，战斗力更差。经过这番阵前鼓舞之后，王阳明决定要主动出击，打击敌人。

此时的朱宸濠心里更加着急，如今，他们已连败那么多，将士的战斗意志被严重削弱，再这样下去，军队将很快会溃不成军，失去战争的主动权。在此关键时刻，朱宸濠火速调集九江南康的精锐部队进行反击，他的这一决定确实收到一些成效。

2. 南康鏖战

朱宸濠的精锐部队收到命令后便火速出发了，没过多久便到达了距南昌很近的黄家渡，与朱宸濠的先锋部队会合了，这一次他们经过排兵布阵，气势恢弘。

王阳明心想，敌方气势正盛，如若不主动迎战，那将失去战争主动权，于是他果断派出两路军队攻击九江南康，并顺利收复了这两地。但是宁王军队经过休整以后，很快又投入了战斗。这一次，他们占了上风，击杀王阳明军数十人。

对于正德时期的国家军队，还真不敢恭维，因为他们大都贪生怕死，稍有失败，便开始退缩。这一次，只是宁王军队略占上风，他们就开始退缩了，无奈，王阳明只能杀了几名退却官员，这才勉强稳住了局面，但是他还是不放心，所以一直在前线督战。

如若一直死战下去，也不是个办法，士兵一旦失去战斗意志，那必将成为一盘散沙，所以当务之急还是要想办法削弱敌方士气。

就在此时，善于谋略的王阳明又想出了一条绝好的计谋，他想再次宣传假消息削弱敌方的士气。王阳明命部下在指挥船上挂一布条，上面写着：宁王已擒，我军不得纵杀。

不得不说，这一招屡试不爽啊，宁王军队看到之后，顿时军心大乱，惊慌失措，有的已经开始向后撤离啦！趁此时机，伍文定率领士气高昂的官兵向敌人发起进攻，这一次也终于反败为胜了。而宁王的军队只能暂时又退守到樵舍，再商战略。

3. 鄱阳湖水战，火烧宁王船

提起鄱阳湖，不得不感慨一番：当年明太祖朱元璋率众起义，在鄱阳湖上，与敌人陈友谅展开激烈的战斗，经过几天几夜的誓死顽抗，朱元璋终于以薄弱的兵力战胜了陈友谅强大的水军，扭转了历史的走向，夺下了老朱家的大明江山，如今，又将有一场决定历史命运的战役在鄱阳湖上上演，不知这是历史的巧合，还是历史的安排？

话说宁王军队退守到樵舍之后，朱宸濠便和谋士们商量起下一步的计谋。多次战斗的失败已经严重挫伤了士兵的战斗意志，如若继续下去，那必败无疑，所以接下来的一战尤为重要。

朱宸濠心想，接下来的一战是水战，如果把所有船连在一起，结为方阵，那将大大增强军队战斗力。这一想法很快就付诸实际，朱宸濠还拿出金银珠宝犒赏将士，希望大家再努力一搏，明日和王阳明之众决一死战。

看到此处之时，我不仅纳闷了，朱宸濠难道没看过《三国演义》吗？当年周瑜火烧赤壁，烧的就是曹操连在一起的战船，曹操当年惨败而逃，朱宸濠你今天又用出了同样的招式，是没看过《三国演义》，还是抱着侥幸的心理呢？

好吧，就当你从没听过火烧赤壁这回事，可你的谋士难道也没人听过、看过火烧赤壁的故事吗？如此关键的举措，怎么没人出来反对啊，这不注定你造反的失败啊！

这一次的鄱阳湖水战结果确实也如同当年的赤壁之战。朱宸濠将战船连在一起，结为方阵，王阳明知道后，即刻决定用周瑜当年的老招式，放火烧船。

次日一早，宁王和自己的谋士们尚在船中开会，王阳明的大军就浩浩荡荡杀了过来。王阳明派出小船，向宁王的船队大放火箭，没过多久，宁王的副船就着火了，于是大家惊慌失措，各自逃命去了。

宁王朱宸濠的王妃是明朝著名理学家娄谅的孙女，原名娄素珍，她品貌双全，自幼秉性聪颖，博学多才，能诗善画，是明朝有名的女诗人、书法家。当年朱宸濠决意谋反，娄妃知道后，便开始有策略地向宁王进谏。后来，娄妃又多次劝告宁王，希望他能去除谋逆之心，以免惹来杀身之祸，但宁王权迷心窍，根本听不进娄妃的逆耳忠言。

这次鄱阳湖水战，王妃娄氏跳水自杀，以此刚烈的方式结束了自己短暂的一生，而一个才智节烈的女子就这样被政治的旋涡所吞没……

战船被烧，娄妃投水，而此时，宁王的大船也被束缚，不能行

拾壹 阳明苦战建功——你搭台、我唱戏

动。为了逃命，朱宸濠换上百姓衣服，跳上小船逃命去了，不过最终还是被王阳明眼疾手快的部下抓获了，而宁王的其他文武大臣也被擒获。

其实在鄱阳湖水战前一夜，王阳明还做了其他的部署。他让部下用竹木准备了无数免死牌，上面写着一行小字："宸濠叛逆，罪不容诛；协从人等，有手持此板，弃暗投明者，既往不咎。"制作完成之后，王阳明又令部下连夜将这些免死牌投入鄱阳湖中。

第二天作战之时，宁王士兵人手一块免死牌，致使军心大乱，毫无战斗之意。朱宸濠被抓之后，还对天嗟叹道："好个王守仁，以我家事，何劳费心如此！"

这段故事不知是真是假，但是从中我们可以看出王阳明善于用计谋，他更能抓住敌人的心理，通过一些简单的举措，达到不战而屈人之兵的目的。

鄱阳湖水战的失败其实已经标志着宁王造反大势已去。不久以后，宁王其他顽强抵抗的官军也被攻陷，而为时四十二天的宁王之乱也被全面平息。王阳明在如此短的时间里平定了宁王之乱，堪称军事奇才。

拾贰　皇帝亲征搅局——你不准、我偏要

王阳明在如此短的时间内平定了宁王之乱，按理说，这是好事一桩，可是这却为王阳明惹来了麻烦，因为那个"潇洒"皇帝朱厚照又出来搅局了。

朱厚照登基之时年仅十五岁，那个时候的他心智极不成熟，好玩好斗。也就是因为他的少不经事，导致了宦官哄骗，八虎当政。那个时候朱厚照还小，就不追究他的这些过错了，可是到正德十四年，朱厚照已年近三十了，这个时候他已到而立之年，难道还没成熟，还没玩够？

大家猜对了，这个朱厚照还没玩够，他又出来搅局了！

历史原本不想用"傻子"皇帝来形容朱厚照，可是他的所作所为实在不是常人能干出来的。他老人家经常做的那些离谱的事儿，直接或间接地导致国家政治腐败、民不聊生。如此昏庸的皇帝，不

是"傻"是什么？

皇帝傻也就罢了，偏偏有一群更不着调的大臣在旁边蛊惑圣心。于是，众多忠心报国的老臣们，时常情不自禁地感叹道："这都是什么世道呀，陛下，您啥时候能明白过来啊！"

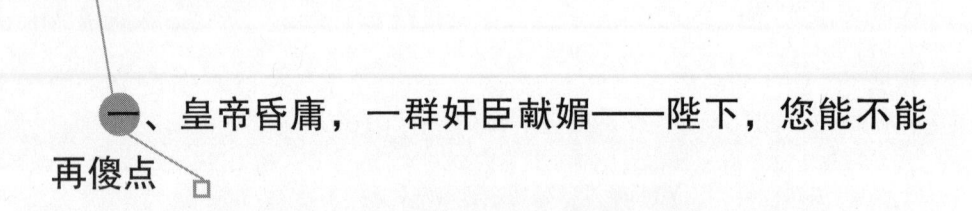

一、皇帝昏庸，一群奸臣献媚——陛下，您能不能再傻点

1. "威武大将军"南下剿匪

王阳明依靠他卓越的军事才干，在很短的时间内，带领三万余众平定了宁王叛乱，这样的军事奇迹把王阳明推向了军事生涯的最高潮。如今江南匪患已除，宁王叛乱亦平，王阳明终于可以过几天消停日子了。

可是结果恰恰相反，王阳明因此而获罪了。事情的起因经过结果原来是这样子的：

宁王叛乱被平之后，王阳明便回到南昌，一边安抚军民、犒赏士兵，一边将宁王府的财物人员登记造册，并写成捷报上报朝廷。说的也是，这本就是份捷报，江南匪患已除，如今宁王叛乱也被平了，江西百姓终于可以过上好日子了，如此好事怎能不上报朝廷，就算不为邀功请赏，最起码也可以在百官面前扬扬得意地吹吹口哨。

可是让王阳明意想不到的事情发生了。奏折上报朝廷之后，很快，京城方面便给出了回信，王阳明万分喜悦地收下来信，迫不及待地想要看看朝廷会有何惊喜。当他打开信之后，直接愣住了，因为确实有一份好大的"惊喜"！

信中并没有提到什么嘉奖，而是清楚明白地写了"威武大将军镇国公朱寿将要率兵南下平宁王之乱"。

王阳明顿时凌乱了，宁王叛乱已经平定，朝廷方面难道没点消息吗？这不是最关键的，最关键的是这个"威武大将军"是何人呀？王阳明在朝中几十年，大小官员不说都能认识，但是有点能耐的人都认识王阳明，即使王阳明不认得他们，他们也会主动找上门的，如今这个"威武大将军朱寿"却是从未听说过的人物。

于是王阳明便询问其他官员，没想到大家听了都唯唯诺诺，不敢应答。王阳明怒了，这人到底是谁啊！终于，胆大一点的官员凑上前来，悄悄告诉王阳明，此乃当今陛下！

王阳明一听，顿时冷汗直流，皇帝陛下要御驾亲征，这是唱的哪门子戏？关键是如今宁王之乱已平，我该如何是好？平定叛乱本是件高兴的事，如今却给自己惹上事端了，到底该如何应付啊！此时的王阳明心里七上八下的。

2. 皇帝昏庸，群臣献媚

回过神之后，王阳明便细细琢磨起这件事来。宁王之乱于七月份已被平定，如今皇帝却要御驾亲征，这是为何？皇帝再无聊也不会到这种地步吧，难道又有小人图谋不轨？

王阳明猜得没错。原来在他征兵对抗宁王之时，朝廷方面就已经收到消息，这时几个明事理的大臣赶紧上书皇帝，请求派遣军队前去帮助王阳明。对此征兵通告，第一天，皇帝没理，第二天，还是没理，第三天，皇帝终于回应了，可是诏书的内容让大家目瞪口呆，皇帝要御驾亲征！

诏书一出，朝廷乱了，杨廷和、王琼等大臣开始苦谏皇帝，希望皇帝能考虑江西百姓疾苦，不要再南下了，事情交给王阳明办，绝对靠谱，不出几日，宁王之乱必能被平定，皇帝您老人家就别费劲掺和了。

而张忠、张永、江彬等奸佞小人则在一旁劝皇帝亲征。他们说皇帝亲征必能正国威，他王阳明再有能力怎么和当今圣上您相比呢？再说这也是您的家事，您亲自出面处理会更好，这也显示了您的英明……其实这帮奸佞小人还有另一目的，就是在皇帝御驾亲征的过程中，结束了昏庸皇帝的小命。

在这帮小人的撺掇下，朱厚照更加坚定了南下决心，于是历史上最滑稽的皇帝出现了，"威武大将军"御驾亲征了！

3. 小人作祟，政治斗争

皇帝已经出征，对此王阳明也备感无奈。此次皇帝南下，必会使沿途的贫苦民众限于水深火热之中，而唯一的办法便是阻止皇帝继续南下，于是王阳明便和皇帝身边的奸佞小人展开了一场政治战争。

第一回合：奏疏不断

这一回合之中，王阳明主要是不停写奏折劝皇帝折返京城，如今战乱已定，皇帝就不用来凑热闹了，无贼可擒，皇帝会被天下人耻笑的。如今平叛结束，我过不久就会亲押俘虏到京。

对此，奸佞小人给予皇帝的建议是御驾亲征，可以和真正的军队较量，沿途美景，可以吃喝玩乐，顺道也可以看看大明的子民。

最终结果：停止献俘，等待御驾，阳明惨败。

第二回合：果断北上，阻止南下

经过第一回合的斗争，王阳明知道再多的奏疏也是无效的，所以他决定违背皇命，带上朱宸濠等俘虏北上献俘，这样就可以阻止皇帝来祸害南昌百姓了。北上之时，王阳明礼貌性地写了一封奏疏，告诉皇上，我已经出发了。

对此，江彬等人竟想出了史无前例的一招。他们让王阳明将宁王带回南昌，放回鄱阳湖，让皇帝再捉一次，留下个皇帝英勇善战，擒拿叛贼的美名。

最终结果：王阳明将朱宸濠献给皇帝跟前的红人张永，自己则到西湖净慈寺静修去了。

第三回合：重返南昌，劝归北军

王阳明北上不成，只得将朱宸濠献给了张永，自己躲到杭州静观其变。哪知这江彬可不是省油的灯，多次上门找王阳明挑衅，王阳明不予理会，他们就假传圣旨，说皇帝到了南京，请王阳明上门拜访。说是拜访，其实是想暗中结果了王阳明。多亏张永还有点良心，偷偷告诉王阳明圣旨是假的，所以王阳明才逃过一劫。江彬斗不过王阳明，便让皇帝下了一道圣旨：让王阳明兼任江西巡抚。这一次是真的了，王阳明只能火速赶回南昌。

此时，张忠等率一路人马早就到达南昌，门面上他是说要收拾残局，其实暗地里是想找出王阳明和朱宸濠谋反的证据。

最终结果：王阳明通过一连串的谋略，赢得了张忠等人所率北方将士的心，不得已，张忠只能带着军队离开南昌。

第四回合：释放宁王，出演闹剧

张永带着朱宸濠到达南京，皇帝知道之后，便在南京上演了一出释放宁王，天子捉贼的闹剧。

这出闹剧本来是要将朱宸濠重新放回鄱阳湖，然后皇帝重新抓获，大立战功的，可是王阳明从中阻挠，皇帝只能将这出戏放在南京上演。但是这个朱厚照真是脑袋里有坑，他还觉得俘虏虽被抓，但是功劳没被认定，所以还需继续玩下去。因此，皇帝的最终目的地仍是南昌。

这个时候，皇帝身边的奸佞小人又出来挑拨离间了，他们诬陷王阳明，说王阳明是朱宸濠的同党，还说王阳明和皇帝邀功，甚至说王阳明会在江西起兵谋反。对于皇帝出演的闹剧，对于这帮小人的诬陷，王阳明只能绕着走了。

二、阳明无奈，只能装病避让——老天，您能不能别玩了

1. 遁入九华山

"潇洒"皇帝朱厚照就是没有玩够，他非得御驾亲征获得认可才行，"傻"皇帝胡闹也就罢了，一群奸臣还在背后不停的撺掇，搞得王阳明是身心疲惫，此时皇帝要是能消停一点，王阳明就谢天谢地了，不过这也只是梦想而已！

没办法，既然现实和梦想隔了十万八千里，那么王阳明也只能用病假的方式对待略显病态的现实。

话说张永把朱宸濠带回南京之后，"潇洒"皇帝便在南京上演了一出"天子重捉宁王"的闹剧，该玩的也玩了，您老人家就消停点回家去吧，可是朱厚照偏偏就不是这样的主儿，他自觉不过瘾，

非得继续玩下去。

而朱厚照身边的那一群奸佞小人个个都不是省油的灯，非得说王阳明是朱宸濠的同党，和皇帝争功，还有谋反意图。于是又搞出个要王阳明带兵上南京面圣之事，可是面圣只是表面文章，张忠等小人的真正意图是半路拦截王阳明，让他无法活着到南京。

王阳明对此万般无奈，我惹不起还躲不起你们这些"大神"啊，于是他直接遁入九华山学道去了。

王阳明一生上过两次九华山，第一次是弘治十四年，那时候他刚刚转正，被派往江苏淮安基层锻炼，处理完公务之后，他便上九华山游览了一番。那个时候他年轻气盛，心情大好，所以便感觉九华山格外的美丽。

王阳明第二次上九华山就是正德十五年的这一次了。不知不觉，这已经相隔二十年了，这次上九华山可以说是迫不得已，他被小人诬陷，只得在此避祸，因此他也没啥心情游览九华山了。

王阳明都被逼上了九华山，可是那帮小人还不消停，非得派人上山去探探虚实，搞得王阳明想静修都不行。好在张永稍明事理，对皇帝谏言道："王阳明在国家有难的时候挺身而出，他是大忠臣，现在我们如此逼迫他，一旦传出去，将来国家出事了，就没人敢站出来了！"

朱厚照听到张永的这番话之后，也算做了件好事，不再去逼迫王阳明，让他重回江西赴任去了。

2. 重返南昌，操练士兵

王阳明重返南昌之后，也没有闲下来，毕竟宁王刚除，南昌百废待兴，很多事物还需王阳明处理呢。偏偏这个时候，皇帝朱厚照非得御驾亲征出来添乱，这让王阳明为此伤透了脑筋。

如今皇帝虽暂时留在了南京，可是一群小人还对皇帝图谋不轨呢，特别是一日江彬陪皇帝去牛首山游玩，却一连十几日未归，这可急坏了大大小小的官员侍卫，后来皇帝被找回来了，表面上是说皇帝贪玩，实质是江彬等人意图谋反啊。对此王阳明不得不防，毕竟朱厚照是大明朝的皇帝啊！

于是，王阳明一回到南昌，便开始操练士兵，他的目的只有一个，那就是防止江彬兵变。只是王阳明大动干戈操练士兵却又引来了不少口舌之争，朝廷上下对王阳明的诬陷更加厉害了。

王阳明的做法让他的学生都有些不理解了，老师这是唱的哪出戏啊？对此，王阳明既不解释，也不回应，他只觉我心坦坦荡荡，何须避嫌，公道自在人心，总有一天，你们会理解我的良苦用心的。

3. 更改捷报，皇帝回京

一转眼，"威武大将军"御驾亲征已经一年多了，此时皇帝老爷待在南京有吃有喝有玩，日子过得逍遥自在，根本没有回京的打算，况且他还觉得自己仍旧没获得平反叛贼的美名，怎么能就此放弃呢。

皇帝大老爷是玩爽了，可是这却让贫民百姓叫苦不迭，你个昏庸皇帝就知道玩，我们却得拼了命的"孝敬"你，整个江南已经让你折腾得鸡飞狗跳了，我们却不能有何怨言，还得屁颠屁颠的侍奉你。皇帝啊，你啥时候能乖乖回京啊！

南京方面民怨迭起，北京方面的官员日子也不好过。皇帝出游已经一年多了，却仍旧没有回京意图，在外面，杀手、小人横行，您要是有个三长两短，我们如何向国人交代？如何向列祖列宗交代？更何况，您要是出了事，我们也是吃不了兜着走，所以您赶快回来吧。

终于，皇帝身边的那群奸佞小人也受不了，在外面哪里有皇宫舒服啊，皇宫里日子过得潇洒自在，还有一大批的金银财宝，在外地不但会气候不适，还得为了皇帝到处奔波，真不安宁，可是此时皇帝是吃了秤砣铁了心，非得搞出个明明白白的功劳认定才肯回京。

这个时候，张永又出面了，他对皇帝说，王阳明北上献俘，大家都看得清楚明白，这根本无法掩人耳目，所以根本就无法重新来个功劳认定。

奇葩就是奇葩，皇帝竟又想出了绝招，既然无法掩人耳目，那就叫王阳明把去年的平叛捷报改一改，改成：平叛擒获宁王朱宸濠乃是受皇帝指挥，而真正出力的乃是张忠等皇帝身边的红人。改好之后重新上报就OK啦！

皇帝啊皇帝，您这不是在掩耳盗铃吗，昏庸这个词已经无法用来形容您了，您简直就是"公鸡中的战斗鸡"，还会生蛋了呢！

为了把这尊"活佛"请回北京，王阳明只能无奈地改了捷报，皇帝这下才肯安心回京了。你说王阳明有多命苦啊，平反叛贼不但未受到任何嘉奖，还惹了一身罪名，最后还得将功劳归功于皇帝小儿，可笑矣！

三、朝纲不振，蒙受不白之冤——圣上，您能不能放过我

1. 武宗驾崩，嘉靖继位

经过一圈的游玩，朱厚照终于被折腾死了。明武帝生前并未留下任何子嗣，所以只能由堂弟朱厚熜继承皇位，称嘉靖皇帝。话说新皇帝登基，王阳明终于可以过过安稳日子了，哪知世道太乱了，在群臣的谗言中，王阳明再次成为了高层权力斗争的牺牲品，悲乎，悲哉！

折腾了一圈，皇帝终于起驾回京了，一群大臣都大大松了口气，可是皇帝回京却又是磨难的开始。

正德十五年八月，朱厚照开始动身返回南京，不过这个皇帝仍不消停。九月份，皇帝的部队到达了淮安清江浦，突然朱厚照心血来潮，对身边的诸人说，此处极其适合钓鱼泛舟，我们就在这玩几日吧。皇帝要留下来玩，身边官员哪里有敢说"不"的啊，只是谁也没想到，这里竟成了让皇帝丧命之处。

一日，朱厚照在湖里泛舟游玩，突然又想玩出新花样，于是吩咐属下拿来渔网，他要亲自捕一次鱼。正玩得兴高采烈，突然不知怎么回事，船歪了，皇帝跟着渔网一同掉进了湖里。这可吓坏了大家，于是一群人扑通扑通跳进水里，七手八脚地把皇帝救上船。

此时已是农历九月，虽说秋高气爽，但是天气也早已转凉，所

以娇生惯养的朱厚照掉下水中的结局就是生病了，而且病得不轻。按理说，这个时候应该好好养养身子，然会赶快回京继续休养，可是奸臣江彬又出了个馊主意，他让皇帝别马上回京，先在此养着身子。

不知江彬对皇帝下了什么迷魂药，皇帝竟然答应了，拖着个病怏怏的身子，又在外折腾了几个月，这年十二月，皇帝终于带领大军凯旋。但是皇帝此时已病得不轻了，没过几个月，就撒手西去了，年仅31岁。

从此历史上的"潇洒"皇帝就此陨落了，结束了自己荒诞的一生。武宗驾崩，总要有新的皇帝出来继位吧，可是这个朱厚照生前太贪玩，竟然没留下任何子嗣，于是在太后和一帮大臣的张罗下，兴献王（朱祐樘的弟弟朱祐杬）的长子朱厚熜继承了皇位，年号嘉靖。

2. 朝纲不振，被人诬陷

在张太后和杨廷和等内阁大臣的张罗下，嘉靖帝朱厚熜继位了，这一年，朱厚熜也是15岁，从此时起，朱厚熜开始了他长达45年的政治统治，而他也成为明朝皇帝中在位时间最长的一位。

在朱厚熜继位之前，张太后就联合了杨廷和密谋处决了江彬，这对朝廷来说是件好事，新皇继位，焕然一新，本就应该处理一下以前那些乌烟瘴气的事情。

可是这样积极的状态并没有维持多久，没过多久，王阳明就被拉出场了，因为新皇帝宣他进京面圣。十五岁的朱厚熜虽说和当年的朱厚照差不多，但是他没那么贪玩，也明白朝廷里的钩心斗角，因此，他想给自己拉拢点人手，省得以后被人欺负。

新皇登基，进京面圣也实属正常，再说王阳明实乃大明朝的功臣，他平定了江南的匪患，又平定了宁王的叛乱，在这万事俱新之际也该给王阳明点嘉奖吧。可是事情偏偏朝相反的方向发展了下去，王阳明刚走到半路，就得到圣旨让他不必进京了。

这到底是怎么回事，皇帝一会叫他回去，一会又叫他不要去了，这是在玩他吗？其实不是皇帝在玩他，而是朝中又有人开始传流言飞语了！

朱厚照御驾亲征之时，一群大臣就诬陷王阳明，说他是朱宸濠的同党。后来王阳明为了防止江彬兵变，在南昌大动干戈的练兵，于是更多的人开始诬陷王阳明。这次新皇继位，有些人为了邀功，为了获得新皇帝信任，竟然继续开始诬陷王阳明。

王阳明再次成为政治斗争的牺牲品，于是便出现了上面那戏剧性的一幕，皇帝出尔反尔，一会儿叫王阳明面圣，一会儿又不叫他来面圣。

对此，王阳明只能对天长叹，世道太乱，没人理解他的良苦用心，大家都在为了名利邀功，而我并不在乎什么朝廷的嘉奖，我只想问心无愧地做事。既然结果已是如此，那我也就认了，也就罢了。

3. 辞去封爵，回家探亲

王阳明面圣不成，反被诬陷，心灰意冷的他向嘉靖皇帝上了一份奏疏，希望皇帝能够批准他回家探亲，这次嘉靖帝批准了，于是王阳明快马加鞭地赶回老家绍兴。

到达绍兴，王阳明又免不了一番感慨。整整五年了，他没有回过家，他曾四次上书要求回家，但是都没有得到皇帝的批准，特别是祖母岑氏病逝之时，他也没能回家送送她老人家，曾经也曾路过家门，只是仕途无奈，他却只能过家门而不入，这次，他终于回到了故乡，回到阔别已久的家。

这次回家，王阳明发现父亲比以前更苍老了，而自己的身体也是病怏怏的，所以又是一番感叹。在家的日子让王阳明备感踏实，毕竟没有那些官场的钩心斗角了，但是麻烦很快又来了。

这年十二月，朝廷下诏封王阳明为新建伯。按理说，这是嘉奖，只是这却是来者不善，因为这次封爵并不是一般的封爵：一是朝廷迫于压力才封爵的；二是与王阳明一起平宁王之乱的有功官员，大都被贬、被打，很少有人升迁。所以这次封爵诏书像是警告信一般，沉甸甸的。

其实这次封爵，确实也并非简单的升迁，初被封爵，新任江西巡抚程启充就上奏朝廷说王阳明是朱宸濠同谋，要求朝廷剥夺封爵。这样的声音在朝廷中并不少见，所以这个封爵拿在手中，反而成了烫手山芋。

所以后来，王阳明为平叛官员伸张正义，因朝廷置之不理，王阳明便上奏朝廷，辞去封爵。此后王阳明赋闲在家，直到广西的少数民族起义才被重新起用。

拾叁　两广兵祸，阳明临危受命——出事了才想到他

辞去封爵之后，接下来的五年多时间，王阳明一直赋闲在家，少了官场上的钩心斗角，这样的日子倒也过得清心自在，不过他一直在思考着圣贤之学。

自幼王阳明就有做圣贤的想法，如今虽说心学已步入正轨，但是任何学问都是没有终点，况且好的学问需要传承下去，这就需要王阳明孜孜不倦地传道授业。而他也确实这样做了，在这几年里，他一直在宣讲他的良知学说。

嘉靖六年，广西少数名族头领王受和卢苏突然心血来潮，想要恢复土司制度，于是他们煽动大伙开始造反生事。对此，朝廷给予了猛烈的回应，调军四十万军，前去平定造反。哪知四十万大军却兵败而归，无奈之下，朝廷想到了王阳明。

于是，王阳明那种清心自在的教授生活，无奈地被嘉靖六年的

广西少数民族起义中断。两广兵祸，阳明也临危受命，将朝廷抛出的烫手山芋接了过来，同时还要装出一副热泪盈眶的表情，磕头谢恩，大喊一句："吾皇万岁、万岁、万万岁！"

其实，王阳明当时真正想喊的是："吾皇玩了睡、玩了睡、不是玩就是睡！"

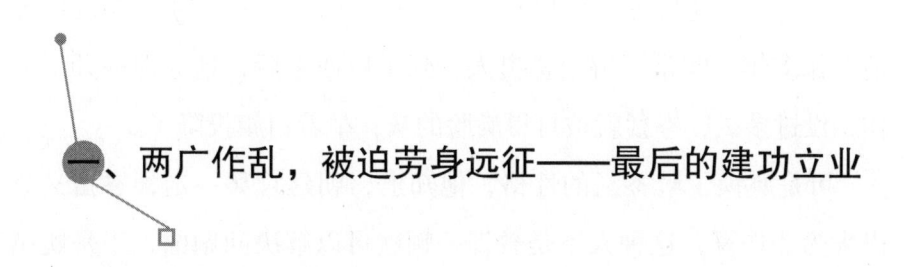

一、两广作乱，被迫劳身远征——最后的建功立业

1. 广西之乱

嘉靖六年（1527年）五月，王阳明清心自在的讲学生活被一纸诏书打破了，原来是广西爆发了少数民族起义，无奈之下，朝廷便派王阳明以原官兼任都察院左都御史（正二品），前往广西征讨思恩、田州之乱。

思恩、田州之乱的两个主要头目是王受和卢苏，他们主要目的是恢复土司制度，可是事情并非如此的简单，最初的矛盾乃是由地方官与土司首领之间挑起的。

嘉靖初期，岑猛任广西田州世袭知府。作为田州的老大，岑猛主要管理思州、田州等地的大小事务，赚了不少百姓的钱财。岑猛热火朝天地赚着钱，这可让有的官员眼红了，首先出来闹事的便是当时的广西巡抚。

广西巡抚有事没事就去找岑猛，他希望能从岑猛那里敲诈点钱财。没想到这个岑猛可不是个软柿子，对广西巡抚的敲诈勒索他直接摆明了态：要钱没有，你爱咋地咋地！

广西巡抚在岑猛处碰了壁，心里觉得不爽，于是便玩起了阴招，上书朝廷诬陷岑猛谋反。岑猛可不是省油的灯，你用这等卑劣的手段诬陷我，那就休怪我不客气了，于是他召集部队，真的造反了！

对此，朝廷命提督御史姚镆调集兵力前去镇压。姚镆在两广等地工作多年，非常了解南蛮夷人，到了广西之后，他立即展开了工作，没过多久，岑猛就被打得满脸的灰，举着白旗投降了。

可是姚镆了解岑猛的性格，他知道，朝廷官兵一走，岑猛又会出来为非作歹，这种人不是教训一顿就可以解决问题的，于是姚镆拒绝岑猛的投降，又挥起大刀追上前去。这可吓坏了岑猛，他带领剩余部队便逃向他岳父的地盘。

岑猛岳父可不愿揽这个烂摊子，加之岑猛素来对自己的女儿不好，于是他二话不说，诛杀了岑猛，并把他交给朝廷。可是姚镆却还不依不饶，竟然开棺鞭尸！姚镆的做法严重激起了叛党的不满，于是岑猛的部下卢苏和王受再次接过造反大旗，他们打算和朝廷死扛到底！

卢苏和王受通过宣传民族主义等手段，大大激发了少数民族的怒气，没过多久，他们便集结了不少的少数民族部队。在卢苏和王受的带领下，接下来的几年时间，造反行动愈演愈烈，甚至攻下了思恩和田州。对此，姚镆又集合邻近四省兵力进行讨伐，但久战不克，不能剿灭叛党。

2. 上书推辞

就当大家对广西少数民族叛乱无可奈何之际，忽然有人提到了王阳明，当年王阳明一举灭江南剿匪，又在很短的时间内平定了宁王叛乱，他一定可以制服这帮南蛮夷人。

大家可能会觉得，时隔六年，朝廷已淡忘了对王阳明的诬陷，而王阳明也终于可以有出头之日了。但是朝廷并非那么仁慈，现在是出了事才想到王阳明，让他出马收拾烂摊子，如果办事不利，错就会都归到王阳明的头上。

王阳明深知政治的腐败，官场的黑暗，对于朝廷的诏书，他采取了避而远之的态度，于是他写了一封委婉的奏疏回应朝廷：

"伏自思惟，臣于君命之召，当不俟驾而行，蚓兹军旅，何敢言辞？顾臣病患久积，潮热痰嗽，日甚月深，每一发咳，必至顿绝，久始渐苏。……夫委身以图报，臣之本心也。若冒病轻出，至于偾事，死无及矣。……伏思两广之役，起于土官仇杀，比之寇贼之攻劫郡县，荼毒生灵者，势尚差缓。若处置得宜，事亦可集。姚镆平日素称老成慎重，一时利钝前却斯亦兵家之常，要在责成，难拘速效。御史石金据事论奏，是盖忠于陛下，将为国家宏仁覆久远之图，所以激励镆等，使之集谋决策，收之桑榆也。"（王阳明《辞免重任乞恩养病疏》）

这篇奏疏委婉含蓄，主要提及了三点：一是我身体不好，对于带兵打仗的事心有余而力不足，万一办砸了，我即使死了也不能弥补过错；二是对于这次少数民族造反，建议朝廷采用非暴力方式解决；三是姚镆有能力，希望朝廷能给他时间，不要过于急迫，相信在姚镆的努力下一定会成功的。

3. 走马上任

对于王阳明的推辞，朝廷压根不搭理，相反，他们倒是抠起字眼，觉得因为姚镆的原因，王阳明不愿意赴任，所以让姚镆下岗了。

接下来的一段日子，朝廷又接连下了两次诏书，希望王阳明能尽快启程。这种情况下，王阳明没办法继续推辞了，于是他怀着一颗爱国爱民的心决定去赴任。

远赴广西，对王阳明来说最放心不下的便是他的阳明书院和他的心学传承，所以在他走马上任之前，先对自己的学术传承做了精心的安排，这样他才能踏踏实实的去赴任。

除了精心安排好阳明书院讲学事宜之外，王阳明还专为弟子写了一篇《客坐私祝》，主要内容如下：

"但愿温恭直谅之友，来此讲学论道，示以孝友谦和之行，德业相劝，过失相规，以教训我子弟，使无陷于非僻；不愿狂躁情慢之徒，来此博奕饮酒，长傲饰非，导以骄奢淫荡之事，诱以贪财黩货之谋，冥顽无耻，扇惑鼓动，以益我子弟之不肖。"

文章虽不长，但是从中我们可以看出王阳明对讲学事业的敬职敬业，他寥寥数言的谆谆教诲，真可让人受益匪浅。为人师表，王阳明极具责任心，这也使得王阳明的心学大受欢迎，最终使他成为了一代大师！

二、天泉证道，空留四句教法——最后的思想总结

1. 钱王分歧

在王阳明赴任之前，钱德洪和王畿因学术分歧而找王阳明辩论，对此，王阳明以"四句宗旨"解决了二人的分歧。因王门师生的这次论学活动发生在天泉桥上，故被后世称为"天泉证道"。

既然要讲钱、王分歧，那就得先介绍一下这两位主角了。钱德洪，明朝中后期哲学家，思想家，名宽，号绪山，王阳明的学生，是王阳明之后儒家心学的重要代表人物之一。

王畿，明朝哲学家，字汝中，名畿，号龙溪，世称王龙溪。王阳明的学生，明朝中晚期阳明学派的代表人物，对阳明学有重要发展，并深远影响日本阳明学的形成与发展，浙江山阴人。

钱德洪和王畿都乃王阳明的学生，在王阳明去广西赴任之前，一日傍晚，他们二人互立于王阳明门前，说是要见王阳明。他们这次不是来为王阳明饯行的，而是他们二人遇到了学术分歧，故来找王阳明辩论的。

事情的起因经过是这样的：一日闲来无事，钱德洪和王畿二人便去拜访张元冲，找他一起谈论为学的目的。哪知谈论过程中，他们出现了分歧。

王畿说:"先生说知善知恶是良知,为善去恶是格物,此恐未是究竟话头。"

钱德洪问:"何如?"

王畿回答说:"心体既是无善无恶,意亦是无善无恶,知亦是无善无恶,物亦是无善无恶。若说意有善有恶,毕竟心亦未是无善无恶。"

钱德洪说:"心体原来无善无恶,今习染既久,觉心体上见有善恶在,为善去恶,正是复那本体功夫。若见得本体如此,只说无功夫可用,恐只是见耳。"

钱德洪和王畿二人的这段对话,便是分歧所在。王畿认为心、意、知、物都是无善无恶的,但王阳明说要去除意中的恶,这就说明心也不是无善无恶的。而钱德洪认为心本身是无善无恶的,但是后来心体会在生活中染上恶,故要去恶,这就是正心。

对此,二人争执不下,最终他们决定,次日一起向王阳明请教。

2. 化解矛盾

这天,王阳明接待了很多客人,时候不早了,他本打算去休息,但钱德洪和王畿却找上门来。王阳明一听是为学术而来,他就有了兴致,于是和二人一起前往天泉桥上谈论。

到天泉桥上之后,钱、王二人便将他们的分歧和困惑告诉王阳明。王阳明一听,乐呵了,他正是需要如此好学的学生,而心学是一门高深的学问,就是需要不断的讨论方能得出最终的结论。

对于钱、王二人的分歧,王阳明给予了一番这样的评价:

"正要二君有此一问!我今将行,朋友中更无有论证及此者,二君之见正好相取,不可相病。汝中(王畿字)须用德洪功夫,德洪须透汝中本体，二君相取为益，吾学更无遗念矣。"

王阳明的这番话，主要是告诉钱、王二人，他们两人的观点乃相辅相成，只需互相融合便可化解二人的分歧。

3. 天泉证道，四句宗旨

王阳明的一番话，顿时让钱、王二人恍然大悟，他们纷纷向老师说已明白其中真意。但是王阳明仍不放心，遂又向二人传达了为学的"四句宗旨"：无善无恶心之体，有善有恶意之动，知善知恶是良知，为善去恶是格物。

之后，王阳明又告诉他们，如果能够以此"四句宗旨"自我修炼，自我反省，那就会离圣人不远了；如果以此教育他人，那更是没有差错，这就是为学啊！

最后，王阳明又一次告诫钱、王二人，他们以后不可以更改这"四句宗旨"。王阳明曰："此四句，中人上下无不接着。我年来立教，亦更几番，今始立此四句。人心自有知识以来，已为习俗所染，今不教他在良知上实用为善去恶功夫，只去悬空想个本体，一切事为俱不著实，此病痛不是小小，不可不早说破。"

经过王阳明的多番教诲，钱、王二人终于明白先生的心学意旨。因王门师生的这次论学活动发生在天泉桥上，故被后世称为"天泉证道"，而王阳明的"四句宗旨"，也被后世称为"王门四句教"。

王阳明走后，因为体弱多病，再加奔波劳累，便没能再活着回来，而这"四句宗旨"便成为王阳明人生最后的思想总结。

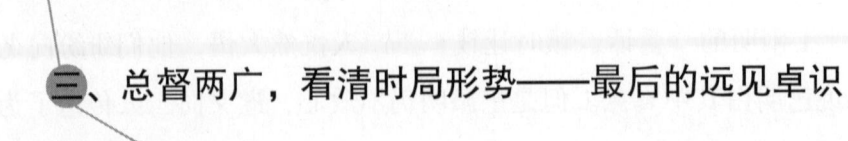

三、总督两广，看清时局形势——最后的远见卓识

1. 赴广上任，沿途讲学

到达广西之后，王阳明通过对当地少数民族的调查研究，发现了他们起义的真正原因，于是他上书朝廷，希望朝廷恢复土司制度。在他的不懈努力下，他未耗一兵一卒便招安了叛贼，平定了造反，可谓是人生最后的远见卓识！

而在去广西赴任的途中，王阳明依旧不忘自己的学术事业。

这一路上，王阳明经过了常山、南昌、吉安等地，最后到达梧州，沿途中，很多文人志士都慕名而来，因此王阳明便在沿途所过之地进行讲学，这和今天的巡回宣讲、巡回演唱会差不多是一回事，不过王阳明却无任何目的，只是出于对学术的热爱，对圣贤之学孜孜不倦的追求，所以这才是真正的学问。

十月份，王阳明到达了南昌，稍作休息之后，他又继续开始南下，有几个学生知道他的南下路线，便在途中请见王阳明，这里面包括徐樾、张士贤、桂轺等人。对此，王阳明都以兵事繁忙婉言谢绝了，并答应他们回来再一起谈学问。

哪知这徐樾特别执著，不肯放弃，沿途一直追着王阳明，直到余干方被王阳明劝阻回去。从中可见王阳明心学的魅力有多大，也可看出徐樾对知识是如此的渴求，这将对求学之人起到很好的教育意义。

到了吉安之后，王阳明想见见昔日旧友和学生，哪知学生们对此非常重视，场面搞得异常隆重，彭簪、王钊、欧阳瑜等300多人一起等候王阳明，浩浩荡荡的把王阳明迎接至螺川驿中。旧友和学生们的这番情义让王阳明很是感动，所以他不顾疲惫又为他们进行讲学，为人师表能够达到这种程度，真是让人敬佩！

期间，王阳明指出，立定一个具体的志向，是成就任何一件事的基础，即使像是那些木工、书法、弈棋等工匠技艺，也要专心致志去学习，才能达到较高的造诣。现在的人们荒废学业，精神懈怠消沉，整天嬉戏享乐，任由时间白白地浪费而一事无成，这都是由于没有立定一个志向的原因。

若你立志成为一个圣人，就会一心一意地去追求圣人之道，从而朝着圣人的方向前进。如果没有什么志向的话，就会像没有舵的船只，没有缰绳的奔马，飘荡放纵，没有一个方向，不知从何而来，也不知去向何方。

人的潜能是不可想象的，甚至于说，每个人都有可能成就伟业，之所以大多数人一辈子都碌碌无为，主要的原因就是他们没有树立一个具体的志向，人无志向，人生则无方向，深藏在体内的潜能也就无法被激发，到头来，只能空叹红颜易老、事业难成。

《传习录》上就举了一个例子。一日，萧惠向王阳明请教佛老之学的精妙之处，王阳明却回答说："圣人之学简易广大，你不询问，却为何问佛老的空无之学、玄诞之论？"

萧惠惭愧地认错，向老师请教圣人之学。王阳明说："现在你只是做表面功夫，为敷衍而学。等你真有了一个为圣人的心之后，我再和你讲也为时不晚。"

萧惠再三地请教。王阳明说："我已经一句话就给你说尽了，而你还没有明白！"

在王阳明看来，要想达到圣人之道，最关键的就是要先有一个一定要成为圣人的心。只有先立定这个志向，其他的一切就好说了。

浙江永康有一个叫周莹的年轻人，曾经跟随王阳明的学生应元忠学习过，后来感到有些问题还弄不清楚，便千里迢迢、历尽艰辛地专程去拜访王阳明，希望能具体学习心学之道。

王阳明问他应元忠先生都教了他些什么。

周莹回答："没有其他特别的话。只是每天教导我要立志于圣贤的学问，不要沉溺于世俗之学。"

没想到王阳明一听这话，认为他已经得到学习圣贤之道的方法了，自己已没有什么再可教他。周莹不理解其中的意思，再三恳求王阳明一定要教他。

王阳明向他询问了旅途中的辛苦后，感叹地说："你这一路上，真是太艰难了。"

接着又问他："你这次来我这里，路途这么远而且十分劳累，其中的艰难险阻到这个地步，你为什么不返回去而一定要来我这里呢？有没有什么人强迫你？"

周莹回到道："我来此是为投身于先生门下，虽然路途遥远、行程艰苦，内心却不觉一丝困顿，只觉欢欣喜悦。我若因为劳苦艰难就返回去，当初又何必过来？"

听到这番话，王阳明不禁抚须而笑："你有如此志向，一定要拜入我的门下，不远千里，不辞辛劳，矢志来此。若你立志于圣贤之学，用这种方法，还愁不能达到圣贤的境界吗？你一路上舍船登岸，把路费留给仆人而自己去借粮，冒着毒暑而来到这里，则又是从哪里学到的方法呢？"

受此别出心裁的启发，周莹顿时恍然大悟。一个人的决心是最重要的，有时候一件事到底能不能完成，就看你的决心怎样。有了决心，你就会千方百计地去寻找成功的方法，这也就是"态度决定一切"。

但是，尽管很多人都知道立志的重要，不过这个志却不是讲立就能立起来的。很多人也许都有这样的经历，很多时候往往无论怎样表决心，对自己发誓，对别人发誓，刚开始激情澎湃，挺有干劲的，但不知什么时候之后，往往又会回到了原来的状态。

下了决心要去做一件有意义的事，却因自己的意志脆弱而又重复同样的事，对大多数人来说，实在是一件遗憾而又无可奈何的事。

王阳明作为一位洞悉了心灵奥秘的心学大师，他对于立志又有什么独特的见解呢？

他对学生们说，如果做好事，就能使父母更爱自己，兄弟高兴，乡亲邻里相信尊敬自己，自己又怎会不做好事当君子呢？相反，假使做那些不良行为使父母发怒，兄弟怨恨，邻里乡亲鄙视厌恶自己，又何苦去做坏事当小人呢？大家想到这里，大概就可以知道所说立志是什么意思了。

由此可见，王阳明所说的立志，并不是一种空洞的说教，而要伴随着一种强烈的情感体验和观念转变才能实现的。

2. 上书朝廷，恢复土司

经过一路颠簸，王阳明终于到达了目的地。一上任，王阳明就不知疲倦地展开了工作。

这期间，他主要是拜访官员、询问民众，希望从中找出少数民族造反的真相。

经过一段时间的调查研究，王阳明发现了问题的症结。于是他便召集部下开了一个小型会议。他首先询问人家对此次造反的看法，对此大部分官员都认为南蛮夷人，食古不化，应该彻底剿灭，这样还可以断了国内叛贼与边界国家的勾结，从此可确保南疆安宁。

王阳明问道："招降安抚可好？"

王阳明说完，便引来了一阵反对声。说是询问其他官员的意思，王阳明其实心里早已做好了打算，他这样询问只是抛砖引玉罢了。

王阳明先稳定了大家的情绪，然后不急不慢地讲道："你们说要彻底剿灭，这也很有道理，但是大家有想过为什么造反事件会频频发生吗？"

他顿了顿继续说道："造反频发，我们就要不停派兵围剿，但是造反的根源其实就是我们没有尊重他们的风俗习惯！我们用中原的那一套制度来管理他们，可是他们却有几千年遗留下来的文化风俗，这是一种信仰，哪里那么容易改掉啊！我们硬逼着他们按我们的来，他们自然会造反了。加之，此处毗邻交趾国（今越南），如果我们对这里的少数民族处理不利，他们就会联合外国，起兵造反，那情况可比现在严重多了。相反，如果我们采取招降安抚策略，扶植一些当地官员，他们自会为了一方安乐全力抵御外族侵略的，这不是为朝廷省了很多心吗？所以对于他们，招降安抚策略为上！"

王阳明的一番话让大家有如醍醐灌顶，于是大家一致认为王先生真是厉害，这乃上上策。

之后，王阳明便把他的想法写成奏疏，上书给朝廷。他在奏疏中主要说明了两点，一是叛乱的真相并不是真正意义上的造反，朝廷派兵平乱只会增加他们的怒气，长此以往下去，战争是不会停止的。有战争就会有伤害，况且战争劳民伤财，我们何不采取免罪措施，让他们对朝廷感恩戴德？

二是这次少数民族造反起兵，主要是想恢复他们一代代传承下来的土司制度，如果我们能够尊重他们的文化，恢复他们的制度，这将有助于民族融合，有助于朝廷的管理。

王阳明的招降安抚策略招致了一些朝廷官员的不满，内阁首辅桂萼就站出来加以反对。好在王阳明在官场摸爬滚打很多年了，深知政治内幕，于是又写信请杨一清、方献夫等官员加以支持。

在王阳明的四处活动下，他的招降安抚策略得到了兵部的支持，最终，朝廷下旨同意王阳明的方案，并任命他兼任两广巡抚，全权负责此事。而嘉靖皇帝还专门为此下诏，褒扬了王阳明，说"守仁才略素优，所议必自己见"，准许他便宜行事。

3. 招安叛贼，平定造反

皇帝都放话了，王阳明便可大干特干了。嘉靖七年，王阳明开始平定卢苏、王受之乱，对此他采取了一系列欲擒故纵的策略。

首先，王阳明把姚镆的军队解散了，但是其中还保留了一部分的湖广土兵。这部分官兵大约有六千余人，因平日里军队纪律较差，很难服从管教，王阳明便将他们留在了广西，等候下一步的军事行动。这一部分官兵看似只有几千人，但是比起那些造反匪众，还是很有威慑作用的。

然后，王阳明便率领着浩浩荡荡的大军进山剿匪去了。南宁距离卢苏与王受的巢点最近，于是王阳明便把军队驻扎在了南宁，但是驻扎下来之后，老王并未出兵，这让卢苏和王受极为纳闷。

没过多久，这两位造反头目就明白了事情的缘由，原来老王在给他们写信。收到信之后，两位小头目心惊胆战地打开了信，信中，王阳明虚虚实实的写了一堆的话，最终的目的就是希望二人能够缴械投降。

卢苏和王受虽说深居大西南，但是王阳明的大名他们还是听过的。当年王阳明以迅雷不及掩耳之势剿灭了江南的匪患，后来又在极短的时间里平定了号称十万之众的宁王叛乱，王阳明早就大名远播了，但是怎么也没想到他会来广西平定造反，所以当卢苏和王受看完王阳明的来信之后依旧是惴惴不安。王阳明是个军事奇才，跟他对着干还真不知道后果会怎样，想到这些，卢苏和王受就更加不安了。

其实卢苏和王受也有他们的难处，他们并没有想真正造反，但是朝廷太黑了，一直派兵来压迫他们，还经常搞个血腥的屠杀政策，大家怎么会没有民怨。加之朝廷太不仁义了，非得让他们改掉承袭几千年的土司制度，士可杀，但是信仰不可除！出于种种原因，于是他们躲进深山，开始造反，这真是不得已啊！

收到王阳明的来信之后，卢苏和王受仔细掂量了一番，最终决定缴械投降。但是投降还是有条件的，那就是给思州换上少数民族自己的驻防部队。

王阳明对这帮匪众的心理早就摸透了，他们只是觉得有自己的部队防守会更有安全感，也更不会怕朝廷的部队出尔反尔，于是王阳明便一口答应了他们的要求。

提要求这个东西也讲究个利益公平，你们匪患的要求我都答应了，但是我也有我的要求。于是王阳明对卢苏和王受二人说，你们在广西作乱两年，也没少给朝廷惹出麻烦，不惩罚不能体现威严，那就每人杖责一百，意思你们应该懂吧。

卢苏和王受一合计，觉得这事儿行得通，区区杖责一百，就可以换来大家的安宁，那也值了，于是二人将自己绑了起来，亲自来到王阳明面前请罪。一百杖以后，思州换上了他们的人马，而造反之事也就此结束，从此大家可以光明正大的做人了。

这一场广西的叛乱就这样以招降安抚的结果结束了，王阳明没费一兵一卒就解决了叛乱，真可谓又是大功一件，而招抚策略也成为王阳明人生最后的远见卓识！

平定叛乱之后，王阳明又在广西兴建了思田、南宁等学校，通过教育，推行他的社会教化，以此来加强对少数民族的管理，这也成为王阳明毕生教育的一部分。

拾肆 断藤峡之役，轻破敌军阵营——打仗了就重用他

平定了广西少数民族起义，王阳明就算是对朝廷交了差，而他也可以班师回朝了，可是王阳明偏偏不是个老实人，他又觉得断藤峡和八寨等地还驻扎了一批匪患，不将他们剿灭，他们就会去祸害民众。本着负责到底的剿匪精神，王阳明又顺道去剿灭了断藤峡的匪患。

断藤峡之役，对于王阳明来说就像是一盘棋，博弈的双方完全不是一个水平线的，胜负早已注定。但是，对于断藤峡的土匪强盗来说，这一次战役，只是让他们深刻地体会到了一个朴素的道理：世界上最可怕的事情不是死，也不是死不瞑目，而是死得不明不白，死得突如其来！

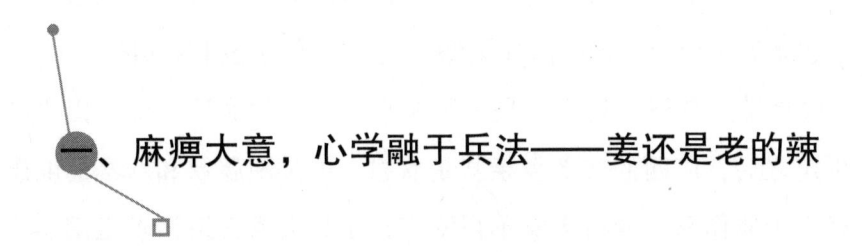

一、麻痹大意，心学融于兵法——姜还是老的辣

断藤峡，又名大藤峡、永通峡。位于黔江中下游的武宣至桂平间，是夹浔江及其南端的府江两岸山最高、最险恶的地方，此峡江约长百余里，两岸崇山峻岭，江水迅疾。此处极为险恶，而山上居民多刁野之众，极难制服。

自洪武年间以来，断藤峡地区就不断发生少数民族起义，对此，明王朝曾进行过16次大规模的"征剿"，但是因为匪患据险要地势，朝廷军队收效甚微，均无法根治。至嘉靖初年，断藤峡的起义队伍有了更大的发展。

为扑灭农民起义军，嘉靖下令彻底清除断藤峡匪患。嘉靖六年，朝廷派王阳明为南京兵部尚书兼左江都御史总督两广、江西、湖广四省军务，这一次，王阳明又出名了一把，到了广西，他不费一兵一卒就平定了思州、田州之乱。之后，他闲来无事，又顺道去剿灭了断藤峡的匪众。

对于断藤峡的这帮匪众，王阳明还是极为了解的。他们极其刁野，经常四处打劫。朝廷派兵围剿，他们就假装投降；朝廷用物资、贸易通商等方式开化他们，但他们抢了东西就跑，接下来就继续造反。对此王阳明认为："他们窃发无时，凶恶成性，不可改化。"

嘉靖七年，王阳明便对他们开始了一场"悉拔根苗，无遗后患"的围剿行动。

王阳明向来以兵法"诡异"著称，这次对于这帮刁野之众，王阳明也采取了形势多样的战斗策略，而第一步便是排兵布阵。

说是排兵布阵，其实也是王阳明虚虚实实的诡计。思、田之乱被平定之后，广西的父老乡亲甚是欣慰，但是断藤峡和八寨的匪患还经常为非作歹，弄得大家不得安宁，于是大家夹道请求王阳明将这二处匪患一起平定。

断藤峡的匪众听到这个消息之后，都吓得一溜烟跑进了山中。对此，王阳明他有自己的一套策略，他久不行动，只是让士兵于驻扎之处反复操练，看似未做出任何行动，其实王阳明在暗地里进行着排兵布阵。

说到排兵布阵，王阳明也算擅长，即便不如诸葛亮一般算无遗策，但好歹也是从小列果核为阵的军事爱好者，纸上谈过兵、领军打过仗，胸中自有一套想法。

针对断藤峡的匪徒习性，王阳明做出了三步重要的部署。

思、州之乱被王阳明以迅雷不及掩耳之势平定，当地的人民群众欢欣鼓舞，而附近的强盗土匪则是提心吊胆，生怕王阳明调转枪头，围剿自己，因此集体龟缩，隔三差五就派人出去打探消息。

王阳明对这些强盗土匪的习惯实在是太了解了，你们不就是怕我派兵围剿你们？行，我本来就有病在身，前些天调兵遣将又熬了不少夜，身子骨吃不消，就留在南宁休养一阵子吧！

探子们一看这情况，纷纷回去跟老大汇报："大哥，王阳明那厮也就一个病秧子，前阵子剿匪把他累垮了，这会儿正在南宁修养呢，没啥精力对付我们！"

老大们听了以后，心里踏实了不少，但是一想到王阳明的剿匪部队还驻扎在"家门口"，大佬们还是觉得不放心，得再打听打听、观望观望，毕竟头上悬着柄利剑，动不动就得掉脑袋！

王阳明似乎早就预料到了这点，没过几天，他就下令驻扎在南宁的永顺、保靖两支主力部队撤军。

大佬们一听这消息，当即拍手叫好，嚷嚷道："哎呀，我就说嘛，调动这么大个部队，每天得费多少银子啊，耗不了几天就得撤回去，你看，被我说中了吧！小的们，来几个胆肥的，跟老子出去瞅瞅大部队撤退的景象，想想应该很壮观吧，哈哈……"

于是，断藤峡的土匪强盗看到了一幅偃旗息鼓的撤军景像，而这些都是王阳明早就设计好的圈套，目的很简单，就是迷惑土匪强盗，让他们放松戒备。当然，那些土匪强盗也确实很听话，立马放松了一直紧绷的神经。

王阳明这一套虚虚实实的招式让断藤峡的匪患放松了警惕，他们觉得老王不过如此，就会玩这些招式，其实不敢真正行动，于是他们又大摇大摆出来闹事了。

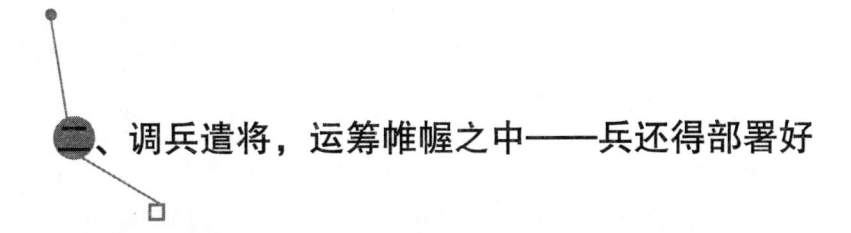

二、调兵遣将，运筹帷幄之中——兵还得部署好

心学确实是门好学问，既有理论意义，又有实用价值，这么好

的学问被王阳明这个大师用在军事上,轻轻松松就把敌人玩得团团转。不过,断藤峡的强盗土匪虽然被成功迷惑,放下了戒备,但是,如果没有更进一步的实际行动,那也是白搭。

这一点,王阳明比谁都清楚,他现在简直就是强盗土匪的克星,怎么可能随随便便让他们过上幸福美满的小康生活。在王阳明下令撤军前,他早就对接下来的军事行动做好了布置,而永顺、保靖两队主力,也在接到撤军令的同时,收到了一封写着最高机密的军事任务书。

那么,王阳明到底是怎么部署的呢?这个就说来话长了,咱还是用表格数据来说话吧!

部队	统帅	人数	线路	目标
永顺	彭明弼	1050	龙村埠上岸45里	牛肠寨,抄其前路
永顺	向永寿	650	龙村埠上岸60里	牛肠寨,封其后路
保靖	彭志明	450	龙村埠上岸50里	六寺寨,封其后路
保靖	彭九霄	450	龙村埠上岸45里	六寺寨,抄其前路
保靖	彭明辅	450	龙村埠上岸50里	磨刀寨,封其后路
保靖	李英	450	龙村埠上岸45里	磨刀寨,抄其前路

表格数据参考董平老师的著作《王阳明的生活世界》

仔细看上面的表格,正常人都能看出几点非常有趣的现象:

六个小分队,居然有四个彭统帅,这一下真给彭家的列祖列宗长脸,彭姓亮了。

六个小分队，竟然都是从龙村埠上岸，看来这个地方够隐蔽，龙村埠也亮了。

六个小分队，对三个寨子攻前封后，看来这三个寨子再也亮不起来了。

六个小分队，人数加起来才3500人，由此可见，这支部队要么都是以一当十的精锐，要么就是这次剿匪规模其实也不大。不过，即便王阳明这次不像诸葛亮七擒孟获那样统帅千军万马，但这一点都不影响他的光辉形象，毕竟王阳明从出道开始就擅长以寡敌众、以多胜少，这一次也不例外！

好了，阵型布置了，任务也分配了，剩下的就是挑了黄道吉日，开个动员大会，大伙儿齐心合力把匪给剿了。

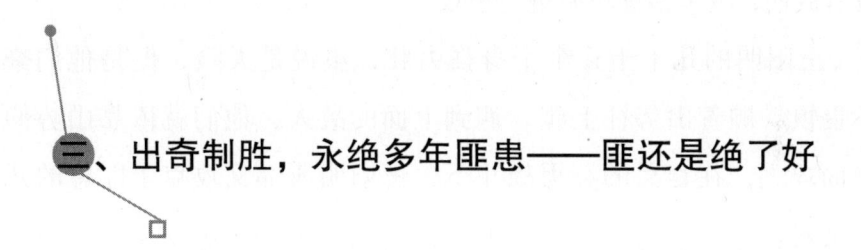

三、出奇制胜，永绝多年匪患——匪还是绝了好

断藤峡之役，对于王阳明来说就像是一盘棋，博弈的双方完全不是一个水平线的，胜负早已注定。但是，对于断藤峡的土匪强盗来说，这一次战役，只是让他们深刻地体会到了一个朴素的道理：世界上最可怕的事情不是死，也不是死不瞑目，而是死得不明不白，死得突如其来！

前不久大伙儿还组团去观摩剿匪部队撤军，怎么一转身，部队就杀进门了，这也太不厚道、太没礼貌了吧，进门前好歹敲敲门打声招呼啊，不带这么剿匪的！

四月初三，王阳明翻了翻黄历，发现是个非常好的日子，于是，早已准备就绪的六个小分队，踏着星辉月色，悄然潜行，开始了一场悄无声息的剿匪突袭战。

过程其实很简单，完全没有想象中的刀光箭雨，因为断藤峡的土匪们都还在被窝中做着"明天会更好"的美梦。

四月初十，也就几天工夫，为祸多年的断藤峡盗匪，几乎被清剿干净，士兵们搜遍了群山沟壑，楞是找不出几个漏网之鱼。

一招突然袭击，搞得这帮匪众抱头鼠窜，落荒而逃。但是他们真是一群刁野之民，溃败之后，仍不死心，竟然退到仙女大山，据险顽抗。

对于这帮匪患，王阳明态度明确，那就是赶尽杀绝，所以他也没有放松，继续指挥军队进行进攻。

王阳明的几千士兵个个身强力壮，虽说是天险，但是他们毫不畏惧，顺着山势往上爬，遇到上面的敌人，他们就依靠山势仰起而攻之，在官兵的英勇战斗下，王阳明所部又攻克了匪患的几个巢穴。

匪患见王阳明的军队来势汹汹，实在抵抗不住了，他们便纷纷弃巢逃跑。为非作歹的时候你们怎么那么得意，现在休想夹着尾巴逃跑。

于是王阳明又派出官兵，乘胜追击，匪患被打得精疲力竭，便想沿着断藤峡的大藤横渡过去，以便摆脱王阳明的追兵。哪知追兵来得太快、太猛，他们还未等安全渡过，便被追兵打入水中，致使匪患溺死六百余人，死伤不计其数，被俘的更多。

之后，王阳明又派出官兵在山上进行了一次大搜捕，把大大小小的山洞翻了个底朝天。至此，断藤峡的匪患被彻底剿灭，而断藤峡之役也就就此结束。

正所谓：好的开始，就是成功的一半。王阳明布置的剿匪突袭战，在盗匪亲切友好的配合下，轻轻松松取得决定性胜利。至于剩下的事，也就是一鼓作气荡平小寨小巢。对此，土匪强盗只能感慨地嚷嚷一句："树倒猢狲散，墙倒众人推。"

拾肆 断藤峡之役，轻破敌军阵营——打仗了就重用他

拾伍 八寨之役，人生最后一战——结尾了才怀念他

英雄的宿命，似乎总要以悲情作为结尾，即便是王阳明，集沙场英雄和文坛圣人于一身，也逃不过宿命的安排。

明嘉靖七年十一月二十九日（公元1529年1月9日），王阳明行至江西南安府青龙铺。这个地方，是王阳明南、赣剿匪的起点，也是他建立赫赫战功的起点。但是，也成了他人生的终点！

《年谱》记载，先生临终前，南安推官周积侍奉在其身旁，乍闻先生低吟："吾去矣。"

周积泣不成声，慌乱之下，急问曰："先生有何遗言？"

先生微哂曰："此心光明，亦复何言！"

拾伍 八寨之役，人生最后一战——结尾了才怀念他

一、故技重施，从不按常理出牌——虚则实之、实则虚之

八寨土匪也是让广西少数民族头疼不已的一股势力，时人流传着这样一句话："八寨乃百六十年所不能诛之剧贼，是粤南诸贼的渊薮，八寨不平，两广无安枕之期。"

对于这股恶势力，王阳明同样采取了赶尽杀绝的策略，所以在派兵进剿断藤峡的同时，王阳明又派出林富、张佑监督着卢苏、王受的五千田州土兵对八寨发起了进攻。凭借出色的战斗策略，没过多久，王阳明又剿灭了八寨的土匪势力，而八寨之役，也成为了王阳明人生中的最后一战。

断藤峡之役，王阳明像是一位剑客，出手快、狠、准，盘踞多年的匪患，三两下就被摧枯拉朽地扫荡，瞬间灰飞烟灭。距离断藤峡不远的八寨盗匪，一个个既像看戏的人，又像等待宰的羊，时时刻刻不在担心王阳明会直接杀过来，心情甭提有多复杂了！

那时的王阳明，简直就是剿匪专业户，有时候大家觉得他是一个病怏怏的文弱书生，但是一转眼，马上又变成了媲美火烧连营指挥官陆逊的兵法牛人；甚至，有的土匪做梦的时候，都梦到王阳明变成了一个三头六臂、无所不能的剿匪大神。

不过，在王阳明眼中，所谓的胜利，都是过眼云烟，不值得炫

237

耀，也不应该得意，不然的话就会轻飘飘，影响决策和判断。他考虑了一番，觉得此行既然是为剿匪而来，那么，理当将匪患消除，不然春风吹又生，那就白来了。

既然要清除匪患，那先得把盗匪剿清。虽然经过思恩、田州、断藤峡三次剿匪，匪患已经除了一半，但是，东边还有个叫做八寨的贼窝。

那地方地域更广，地形更复杂，聚集的匪徒也更多。最让人头疼的是，那个地方分为八个寨子，大家各自为战，看似一盘散沙，其实暗地里都有密切联系。平时大家伙守着自己的地盘烧杀抢掠，一旦朝廷派兵围剿，八个寨子立马齐刷刷朝中心回合，摆出一副团结就是力量的态度，不分你我，一致对外。

对此，王阳明早早就进行过了解，并最终得出了一个结论：八寨之贼，既极骁猛，而石门天险，自来兵不能入，此可以计取，未易以兵力图者。王阳明的意思很简单，用三国时期各大参谋长的话来说，那就是此地只可计取，不可力夺。

那么，王阳明有什么锦囊妙计呢？

其实，王阳明想说：也不是啥锦囊妙计，就是一普通的军事策划而已，招式用来用去也就那么两下子，无非是心理战、闪电战、突击战和攻坚战，外加几个虚虚实实的烟雾弹。

这一点，王阳明还真不是谦虚，因为他出道以来，用得最多的战术，确实就上面那几个，之所以每次都能战必胜、攻必克，不是侥幸，也不是偶然，更不是遇到了猪一样的对手，而是因为王阳明每次都不按常理出牌。

大伙儿别以为这几个战术很简单，真正厉害的大师，只要将其稍加组合，就能打出一套完美的组合拳战术，特别是王阳明这种从来不按常理出牌的心学大师，组合拳打得那叫一个漂亮！

那么，王阳明到底是怎么不按常理出牌呢？

比如王阳明撤个军，敌人认为他是在混淆视听，真实意图其实是调兵遣将，搞突然袭击。因此，敌人们日防夜防，神经紧绷，到最后却发现，丫的王阳明真是撤军，压根没有搞突击的意思。

于是，下一次王阳明撤军的时候，敌人想当然地认为他是真的撤军，可是，偏偏王阳明就是在暗中布置，然后发动突然袭击，最后游戏结束，盗匪们根本没反应过来。

这一次王阳明针对八寨盗匪策划的军事行动，打的就是这种组合拳。

二、秘密行动，奇兵天降显神威——出其不意、攻其不备

1. 忽悠又见忽悠

断藤峡之役，王阳明用的第一招，就是迷惑敌人，从他留在南宁养病的假象，到表面撤军、实则调兵的幌子，所有的方法都是为了让敌人放松戒备，从而为最终的闪电突击做准备。

到了八寨之役，王阳明琢磨了老半天，还是觉得有必要再用一次迷惑敌人的招式，一来这招确实很好用，二来八寨的盗匪数量多，战斗力强，要是全副武装等在那里，那得死多少士兵才能成功将其剿灭啊。

于是，王阳明本着人道主义精神以及为朝廷省钱、省力、省人的极端负责态度，决定再次运用自己高超的"忽悠"本事，对敌人再次采取迷惑麻痹的招式。

其实，忽悠也是个技术活，非常需要创新精神，不然想不出那么多忽悠的花招。在这一点上，王阳明就算是一个老实人了，因为他根本没变换花招，直接是一招鲜、吃遍天，之前刚用了撤军的幌子，这一次居然还用。

当时，湖广士兵驻扎在南宁，距离八寨不远，因此八寨盗匪一个个都绷紧了神经，没有一个放松懈怠，生怕剿匪大部队突然杀过来。

王阳明也非常同情这些盗匪，整天吃不下、睡不好，怪可怜的，于是老王同志大手一挥，吩咐道："将士们辛苦了，现在匪也剿灭了、仗也打完了，依我看大伙儿还是散了吧，各回各家、各找各妈，这么杵着还影响邻里生活呢！"

于是，湖广士兵乐呵呵地撤退了，被招安的卢苏、王受也将手底下的士兵解散，眼看八寨盗匪就要迎来无忧无虑的幸福生活了！

当然了，人家八寨的土匪强盗也不是一群没脑子的乌合之众，前边断藤峡的同行们刚着了你的道儿，这会儿你又来对我们使这招，你这已经不是挑战我们的判断力，分明就是挑战我们的智商，你觉得我们会信你忽悠吗？

有鉴于此，八寨强盗中自认智商正常的首领们纷纷站出来，嚷嚷道："兄弟们别信他忽悠，他这次肯定是故技重施，打着撤军的幌子，干着调兵遣将的事。大家一定要提高戒备，不能给他们任何机会！"

开完如此慷慨激昂的动员大会后，八寨的土匪强盗们一个个跟打了鸡血似的，打起十二分精神，日日夜夜防备着、时时刻刻戒备着，好像眨一下眼睛王阳明就杀过来了一样。

这下王阳明彻底傻眼了！你们这是何苦呢，我见你们吃不下饭、睡不好觉，好心好意把部队撤走，你们非但不抓紧时间补充体力，反而更是不吃不喝不睡地杵在山头站岗放哨，山上风大，你们就不觉得空虚、不觉得寂寞、不觉得冷吗？

行吧，既然你们非要吹冷风，那我也不拦着了，等你们站累了，自然就回去休息了。

就这样，土匪强盗吹着冷风站着岗，杵在山头好几天，楞是没发现一点风吹草动。

土匪强盗不干了，说好的剿匪大部队呢，怎么说不来就不来了。不来你早点打声招呼啊，害得兄弟们站在山头吹了好几天的冷风，发型都吹乱了。

于是，盗匪们急忙抓住这个难得的机会放松放松，但是，有些自认为英明神武的匪首，却觉得其中必然有诈，毕竟王阳明之前玩了好几次这样的把戏，在这方面的信誉度不够高，因此匪首们还是有些担心。

为此，盗匪们合计了一下，干脆派一对胆大的人下山，打探一下消息，顺便沿途劫掠一番，也好试探一下官兵的动静。

王阳明似乎早就料到盗匪们会有此一招，因此早早就吩咐下去："他们爱打劫，就先让他们打劫几次吧，反正他们也蹦跶不了多久了！"

于是，下山试水的盗匪们被官兵选择性地忽略掉了，等他们回到八寨，马上屁颠屁颠地向匪首汇报："老大，小的们这回干了票大的，直接在部队驻扎地的边缘劫了伙商贩，那些奸商一见

拾伍

八寨之役，人生最后一战——结尾了才怀念他

241

到我们，马上大声嚷嚷救命，可是那些官兵楞是没理会，继续收拾行囊。"

匪首鄙夷地瞅了瞅这位兴高采烈的小土匪，暗道："连你这种没脑子的小喽啰都敢在官兵面前逞威风了，看来这回，他们八成真是要撤退了。想来也是，这次剿匪时间那么久、动静那么大，消耗肯定也不小，朝廷哪里吃得消啊！"

"老大英明啊，小的也觉得这回官兵真要撤了。小的看那王阳明也不像傻子，他若真想攻打我们，大可以玩其他花招，没必要翻来覆去地玩撤军的把戏，这招被他玩了两次，傻子都不会再上当了！之前兄弟们就是不放心，所以站了好几天岗，对方楞是没动静！"

"滚一边去，老子还用你教！"匪首不耐烦地摆了摆手，传令道，"吩咐下去，弟兄们这几天累坏了，接下来可以稍微放松一下，别再整天防着那些官兵，他们正忙着卷铺盖呢！"

如此一来，本就放松警惕的盗匪们更是懈怠下来，而这正中了王阳明的下怀。

2. 官兵从天而降

其实，王阳明剿匪的招式，用来用去确实就那么几招，只不过虚虚实实，让盗匪们完全摸不透套路，因此接二连三的掉入同一个陷阱，这一点，也不知道是该夸王阳明太聪明，还是该批评盗匪们太笨！

可以说，八寨之战几乎就是断藤峡之役的重演，一样是先撤军，迷惑敌人，只不过一个真，一个假，一个虚，一个实，结果都让敌人落入圈套。然后呢，同样也是用半夜突袭的战术，同样是分兵合围、封前堵后，结果也依旧是大破匪巢。

八寨之役，统帅换成了刚被招抚的卢苏和王受，因为他们俩本来就是盗匪出身，又是本地人，不仅对八寨的山川地形了如指掌，而且也是骁勇善战的猛士，更厉害的是，他们一个个都憋足了劲要表现一番，也好将功赎罪。

　　于是，王阳明秉承着疑人不用、用人不疑的原则，大胆地分配给卢苏3000兵马，王受2000兵马，另外再加一个看似剿匪，其实也带有一丝监督意味的韦贵统帅的1100士兵，于四月二十二日晚上，悄然在八寨外集合，乘着夜色，突破石门天险，杀入敌寨之中。

　　那时候八寨的盗匪们好几天没睡好觉了，眼瞅着官兵撤军，本来还以为能好好睡一觉，没想到在睡梦之中，恍惚听见喊杀震天、看到火光灼眼。大惊之下，大伙儿齐刷刷滚下床，抬头便看到威武不凡的官兵冲过来，迷迷糊糊之中，盗匪们还以为眼前是天兵天将呢！

　　如此突击下来，没几天工夫，八寨盗匪也像断藤峡的同行们，从此成为了过去式！

三、悄然辞世，赢得生前身后名——生的光荣、死的伟大

　　当初朝廷调派王阳明的时候，只是让他负责平乱剿匪，现在匪患已平、大功已立，剩下战后重建的工作，也不需要王阳明太过操心。事实上，当时的王阳明，其实很想为战后重建再贡献光和热，

只是，连番作战，让他本就病弱的身体更加孱弱，最后甚至到了无药可治的地步。

对此，王阳明奉诏出征的时候，也早有预料，只是当事情真的发生，即便是他这样的"圣人"，也难免生出英雄迟暮的无力感。

如今的他，了却君王天下事，赢得身前身后名，心中再无遗憾，只希望早日回家，不然恐将客死他乡。于是，王阳明从横州回到南宁后，向朝廷作写生平最后一次奏折，涕泪交零地恳求朝廷允许他回乡养病。

当时的交通不发达，文书往来颇费时日，但是王阳明等不起了，他的身体每况愈下，似乎随时可能驾鹤西游，思乡情切的他，等不及朝廷的诏书，匆匆启程回返。

然而，英雄的宿命，似乎总要以悲情作为结尾，即便是王阳明，集沙场英雄和文坛圣人于一身，也逃不过宿命的安排。

明嘉靖七年十一月二十九日（公元1529年1月9日），王阳明行至江西南安府青龙铺。这个地方，是王阳明南、赣剿匪的起点，也是他建立赫赫战功的起点。但是，也成了他人生的终点！

《年谱》记载，先生临终前，南安推官周积侍奉在其身旁，乍闻先生低吟："吾去矣。"

周积泣不成声，慌乱之下，急问曰："先生有何遗言？"

先生微哂曰："此心光明，亦复何言！"

此心光明，亦复何言……

此心光明，亦复何言……

此心光明，亦复何言……

附录1：王阳明年谱

1472年（壬辰）宪宗成化八年九月三十日亥时，王阳明出生于浙江省余姚县龙泉山上之瑞云楼。

1482年（壬寅）成化十八年，十一岁，王阳明随父亲王华（新科状元）寓京师。

1488年（戊申）孝宗弘治元年，十七岁，王阳明回余姚与诸氏完婚于江西南昌。

1489年（已酉）弘治二年，十八岁，王阳明偕夫人回余姚，识娄一谅，信圣人必可学而致之。尔后一改活泼性格，从此严肃治学，遍求考亭书读之，然却格竹失败。

1492年（壬子）弘治五年，二十一岁，王阳明举浙江乡试。第二年会试落第，归余姚，结龙泉诗社，对弈联诗。

1497年（丁巳）弘治十年，二十六岁，王阳明寓京师，苦学诸家兵法，想借雄成圣。

1499年（已未）弘治十二年，二十八岁，王阳明举进士出身，二甲第七，观政工部。与七子倡和，是所谓泛滥词章时期。

1500年（庚申）弘治十三年，二十九岁，王阳明被授刑部云南清吏司主事。到直隶、淮安审决积案重囚。游九华山，出入佛寺道观。

1502年（壬戌）弘治十五年，三十一岁，告病归余姚，筑室阳明洞天，静坐行导引术，能先知，后因其簸弄精神，不能成圣，摒去。

1504年（甲子）弘治十七年，三十三岁，在京师，秋季主考山东乡试。九月改兵部武选清吏司主事。

1505年（乙丑）弘治十八年，三十四岁，王阳明开门授徒，与湛若水定交。

1506年（丙寅）武宗正德元年，三十五岁，得罪刘瑾，被诬入狱，谪贵州龙场驿驿丞。

1507年（丁卯）正德二年，三十六岁，王阳明赴谪至钱塘，过五夷山，回越城。

1508年（戊辰）正德三年，三十七岁，王阳明至龙场，大悟格物致知之旨。

1509年（己巳）正德四年，三十八岁，在贵阳，受提学付使习书聘请主讲文明书院，始揭知行合一之旨。

1510年（庚午）正德五年，三十九岁，王阳明三月任庐陵知县，十二月升南京刑部四川清吏司主事。路过辰州、常州时教人静坐补小学工夫。

1511年（辛未）正德六年，四十岁，在京师，正月调吏部验封司清司主事。二月为会试同考官。十月升文选清吏司员外郎。

1512年（壬申）正德七年，四十一岁，在京师，三月升考功清吏司郎中，黄绾、徐爱等几十人同受业。十二月升南京太仆寺少卿。据《大学》古本立诚意格物之教。

1513年（癸酉）正德八年，四十二岁，赴任便道归省。十月至滁州，督马政。地僻官闲，日与门人游琅琊、瀼泉间。新旧学生大集滁州。教人静坐入道。

1514年（甲戌）正德九年，四十三岁。在南京教人存天理去人欲。

1515年（乙亥）正德十年，四十四岁，在京师拟《谏迎佛疏》未上，上疏请归，不允。

1516年（丙子）正德十一年，四十五岁，在南京，九月，经兵部尚书王琼特荐，升都察院佥都御使，巡抚南赣、汀、漳等处，平定征南王谢志山、金龙霸王池仲容等江西、福建、广东、湖广等地的暴动。

1517年（丁丑）正德十二年，四十六岁，正月至赣，二月平漳，十月平横水、桶岗等地，行十家牌法。

1518年（戊寅）正德十三年，四十七岁，正月征三浰，三月疏乞致仕，不允。平大帽、俐头。六月升都察院右都御使，荫子锦衣卫，世袭百户。辞免，不允。七月刻古本《大学》。刻《朱子晚年定论》。八月门人薛侃刻《传习录》。九月修濂溪书院，四方学者云集于此。

1519年（己卯）正德十四年，四十八岁，六月，奉命勘处福建叛军，至丰城，闻宸濠反，遂返吉安，起义兵。旬日平宸濠。与前来平叛的宦官周旋。

1520年（庚辰）正德十五年，四十九岁，在江西。王艮投门下，艮后创泰州学派。阳明自言在应付宦官刁难时全靠良知指引。

1521年（辛巳）正德十六年，五十岁，在江西。始揭致良知之教。五月，集门人于白鹿洞。六月升南京兵部尚书。九月归余姚，封新建伯。

1522年（壬午）世宗嘉靖元年，五十一岁，在绍兴山阴。正月疏辞爵，二月父王华死。丁忧。有御使承首辅杨廷和旨意倡议禁遏王学。

1523年（癸未）嘉靖二年，五十二岁，在绍兴。来从游者日众。南京刑部主事桂萼议大礼得宠。

　　1524年（甲申）嘉靖三年，五十三岁，在绍兴。四月，服阕，朝中屡有荐者。有人以大礼见问者，不答。十月，门人南大吉绪刻《传习录》。

　　1525年（乙酉）嘉靖四年，五十四岁，在绍兴。夫人诸氏卒。礼部尚书席书力荐，不果。决定每月朔望在余姚龙泉寺之中天阁聚会生徒。十月，立阳明书院于越城西[山阴东]光相桥之东。

　　1526年（丙戌）嘉靖五年，五十五岁，在绍兴。十一月庚申，子正聪生，七年后黄绾为保护孤幼收为婿，改名正亿。

　　1527年（丁亥）嘉靖六年，五十六岁，在绍兴。四月邹守益刻《文录》于广德州。九月出征思田。天泉证道，确定四句教法。

　　1528年（戊子）嘉靖七年，五十七岁。二月平思田之乱。七月袭八寨、断藤峡。十月乞骸骨，十一月二十九日辰时，公历1529年1月9日8时许，病逝于江西南安府大庾县青龙铺码头。

附录2：主要参考文献

1. 吴光.王阳明全集[M].上海：上海古籍出版社，1992年版。
2. 黄宗羲.明儒学案[M].上海：中华书局出版社，1985年版。
3. 张廷玉.明史[M].上海：中华书局出版社，1974年版。
4. 朱熹.朱子语类[M].上海：中华书局出版社，1986年版。
5. 朱熹.四书章句集注[M].上海：中华书局出版社，1983年版。
6. 陆九渊.陆九渊集[M].上海：中华书局出版社，1980年版。
7. 顾炎武.日知录[M].石家庄：花山文艺出版社，1988年版。
8. 钱穆.中国近三百年学术史[M].上海：中华书局出版社，1986年版。
9. 陈来.有无之境：王阳明哲学的精神[M].北京：三联书店，2009年版。
10. 陈荣捷.王阳明传习录详注集评[M].上海：华东师范大学出版社，2009年版。
11. 张立文.中国哲学逻辑结构论[M].北京：中国社会科学出版社，1989年版。
12. 徐刚.朱熹自然哲学思想论稿[M].福州：福建教育出版社，2002年版。
13. 董平.王阳明传奇[M].北京：商务印书馆，2010年版。
14. 周月亮.大儒王阳明[M].海口：海南出版社，2010年版。
15. 当年明月.明朝那些事儿[M].杭州：浙江人民出版社，2011年版。

附录3：《明史·列传第八十三》（王守仁列传）

王守仁，字伯安，余姚人。父华，字德辉，成化十七年进士第一。授修撰。弘治中，累官学士、少詹事。华有器度，在讲幄最久，孝宗甚眷之。李广贵幸，华讲《大学衍义》，至唐李辅国与张后表里用事，指陈甚切。帝命中官赐食劳焉。正德初，进礼部左侍郎。以守仁忤刘瑾，出为南京吏部尚书，坐事罢。旋以《会典》小误，降右侍郎。瑾败，乃复故，无何卒。华性孝，母岑年逾百岁卒。华已年七十余，犹寝苫蔬食，士论多之。

守仁娠十四月而生。祖母梦神人自云中送儿下，因名云。五岁不能言，异人拊之，更名守仁，乃言。年十五，访客居庸、山海关。时阑出塞，纵观山川形胜。弱冠举乡试，学大进。顾益好言兵，且善射。登弘治十二年进士。使治前威宁伯王越葬，还而朝议方急西北边，守仁条八事上之。寻授刑部主事。决囚江北，引疾归。起补兵部主事。

正德元年冬，刘瑾逮南京给事中御史戴铣等二十余人。守仁抗章救，瑾怒，廷杖四十，谪贵州龙场驿丞。龙场万山丛薄，苗、僚杂居。守仁因俗化导，夷人喜，相率伐木为屋，以栖守仁。瑾诛，量移庐陵知县。入觐，迁南京刑部主事，吏部尚书杨一清改之验封。屡迁考功郎中，擢南京太仆少卿，就迁鸿胪卿。

兵部尚书王琼素奇守仁才。十一年八月擢右佥都御史，巡抚南、赣。当是时，南中盗贼蜂起。谢志山据横水、左溪、桶冈，池仲容据浰头，皆称王，与大庾陈曰能、乐昌高快马、郴州龚福全等攻剽府县。而福建大帽山贼詹师富等又起。前巡抚文森托疾避去。志山合乐昌贼掠大庾，攻南康、赣州，赣县主簿吴玭战死。守仁至，知左右多贼耳目，乃呼老黠隶诘之。隶战栗不敢隐，因贳其罪，令填贼，贼动静无勿知。于是檄福建、广东会兵，先讨大帽山贼。

明年正月，督副使杨璋等破贼长富村，逼之象湖山，指挥覃桓、县丞纪镛战死。守仁亲率锐卒屯上杭。佯退师，出不意捣之，连破四十余寨，俘斩七千有奇，指挥王铠等擒师富。疏言权轻，无以令将士，请给旗牌，提督军务，得便宜从事。尚书王琼奏从其请。乃更兵制：二十五人为伍，伍有小甲；二伍为队，队有总甲；四队为哨，哨有长，协哨二佐之；二哨为营，营有官，参谋二佐之；三营为阵，阵有偏将；二阵为军，军有副将。皆临事委，不命于朝；副将以下，得递相罚治。

其年七月进兵大庾。志山乘间急攻南安，知府季斅击败之。副使杨璋等亦生絷曰能以归。遂议讨横水、左溪。十月，都指挥许清、赣州知府邢珣、宁都知县王天与各一军会横水，斅及守备郏文、汀州知府唐淳、县丞舒富各一军会左溪，吉安知府伍文定、程乡知县张戬遏其奔轶。守仁自驻南康，去横水三十里，先遣四百人伏贼巢左右，进军逼之。贼方迎战，两山举帜。贼大惊，谓官军已尽犁其巢，遂溃。乘胜克横水，志山及其党萧贵模等皆走桶冈。左溪亦破。守仁以桶冈险固，移营近地，谕以祸福。贼首蓝廷凤等方震恐，见使至大喜，期仲冬朔降，而珣、文定已冒雨夺险入。贼阻水阵，珣直前搏战，文定与戬自右出，贼仓卒败走，遇淳兵又败。诸军破桶冈，志山、贵模、廷凤面缚降。凡破巢八十有四，俘斩六千有奇。时湖广巡抚秦金亦破福全。其党千人突至，诸将擒斩

251

之。乃设崇义县于横水，控诸瑶。还至赣州，议讨浰头贼。

初，守仁之平师富也，龙川贼卢珂、郑志高、陈英咸请降。及征横水，浰头贼将黄金巢亦以五百人降，独仲容未下。横水破，仲容始遣弟仲安来归，而严为战守备。诡言："珂、志高，仇也，将袭我，故为备。"守仁佯杖系珂等，而阴使珂弟集兵待，遂下令散兵。岁首大张灯乐，仲容信且疑。守仁赐以节物，诱入谢。仲容率九十三人营教场，而自以数人入谒。守仁呵之曰："若皆吾民，屯于外，疑我乎？"悉引入祥符宫，厚饮食之。贼大喜过望，益自安。守仁留仲容观灯乐。正月三日大享，伏甲士于门，诸贼入，以次悉擒戮之。自将抵贼巢，连破上、中、下三浰，斩馘二千有奇。余贼奔九连山。山横亘数百里，陡绝不可攻。乃简壮士七百人衣贼衣，奔崖下，贼招之上。官军进攻，内外合击，擒斩无遗。乃于下浰立和平县，置戍而归。自是境内大定。

初，朝议贼势强，发广东、湖广兵合剿。守仁上疏止之，不及。桶冈既灭，湖广兵始至。及平浰头，广东尚未承檄。守仁所将皆文吏及偏裨小校，平数十年巨寇，远近惊为神。进右副都御史，予世袭锦衣卫百户，再进副千户。

十四年六月，命勘福建叛军。行至丰城而宁王宸濠反，知县顾佖以告。守仁急趋吉安，与伍文定征调兵食，治器械舟楫，传檄暴宸濠罪，俾守令各率吏士勤王。都御史王懋中，编修邹守益，副使罗循、罗钦德，郎中曾直，御史张鳌山、周鲁，评事罗侨，同知郭祥鹏，进士郭持平，降谪驿丞王思、李中，咸赴守仁军。御史谢源、伍希儒自广东还，守仁留之纪功。因集众议曰："贼若出长江顺流东下，则南都不可保。吾欲以计挠之，少迟旬日无患矣。"乃多遣间谍，檄府县言："都督许泰、郤永将边兵，都督刘晖、桂勇将京兵，各四万，水陆并进。南赣王守仁、湖广秦金、两广杨旦各率所部合十六万，直捣南昌，所至有司缺供者，以军法论。"又为蜡书遗伪相李士实、刘养正，叙其归国之诚，令从臾早发兵东下，而纵谍泄之。宸濠果疑。与士实、养正谋，则皆劝之疾趋南京即大位，宸濠益大疑。十余日诇知中外兵不至，乃悟守仁绐之。七月壬辰朔，留宜春王拱𣎴居守，而劫其众六万人，袭下九江、南康，出大江，薄安庆。

守仁闻南昌兵少则大喜，趋樟树镇。知府临江戴德孺、袁州徐琏、赣州邢珣，都指挥余恩，通判瑞州胡尧元、童琦、抚州邹琥、安吉谈储，推官王、徐文英，知县新淦李美、泰和李楫、万安王冕、宁都王天与，各以兵来会，合八万人，号三十万。或请救安庆，守仁曰："不然。今九江、南康已为贼守，我越南昌与相持江上，二郡兵绝我后，是腹背受敌也。不如直捣南昌。贼精锐悉出，守备虚。我军新集气锐，攻必破。贼闻南昌破，必解围自救。逆击之湖中，蔑不胜矣。"众曰"善"。己酉次丰城，以文定为前锋，选遣奉新知县刘守绪袭其伏兵。庚戌夜半，文定兵抵广润门，守兵骇散。辛亥黎明，诸军梯亘登，缚拱𣎴等，宫人多焚死。军士颇杀掠，守仁戮犯令者十余人，宥胁从，安士民，慰谕宗室，人心乃悦。

居二日，遣文定、珣、琏、德孺各将精兵分道进，而使尧元等设伏。宸濠果自安庆还兵。乙卯遇于黄家渡。文定当其前锋，贼趋利。珣绕出贼背贯其中，文定、恩乘之，琏、德孺张两翼分贼势，尧元等伏发，贼大溃，退保八字脑。宸濠惧，尽发南康、九江兵。守仁遣知府抚州陈槐、饶州林城取九江，建昌曾玙、广信周朝佐取南康。丙辰复战，官军却，守仁斩先却者。诸军殊死战，贼复大败。退保樵舍，联舟为方阵，尽出金宝犒士。明日，宸濠方晨朝其群臣，官军奄至。以小舟载薪，乘风纵火，焚其副舟，妃娄氏以下皆投水死。宸濠舟胶浅，仓卒易舟遁，王冕所部兵追执之。士实、养正及降贼按察使杨璋等皆就擒。南康、九江亦下。凡三十五日而贼平。京师闻变，诸大臣震惧。工琼大言曰："王伯安居南昌上游，必擒贼。"至是，果奏捷。

帝时已亲征，自称"威武大将军"，率京边骁卒数万南下。命安边伯许泰为副将军，偕提督军务太监张忠、平贼将军左都督刘晖将京军数千，溯江而上，抵南昌。诸嬖幸故与宸濠通，守仁初上宸濠反书，因言："觊觎者非特一宁王，请黜奸谀以回天下豪杰心。"诸嬖幸皆恨。宸濠既平，则相与媢功。且惧守仁见天子发其罪，竞为蜚语，谓守仁先与通谋，虑事不成，乃起兵。又欲令纵宸濠湖中，待帝自擒。

守仁乘忠、泰未至，先俘宸濠，发南昌。忠、泰以威武大将军檄邀之广信。守仁不与，间道趋玉山，上书请献俘，止帝南征。帝不许。至钱唐遇太监张永。永提督赞画机密军务，在忠、泰辈上，而故与杨一清善，除刘瑾，天下称之。守仁夜见永，颂其贤，因极言江西困敝，不堪六师扰。永深然之，曰："永此来，为调护圣躬，非邀功也。公大勋，永知之，但事不可直情耳。"守仁乃以宸濠付永，而身至京口，欲朝行在。闻巡抚江西命，乃还南昌。忠、泰已先至，恨失宸濠。故纵京军犯守仁，或呼名嫚骂。守仁不为动，抚之愈厚。病予药，死予棺，遭丧于道，必停车慰问良久始去。京军谓"王都堂爱我"，无复犯者。忠、泰言："宁府富厚甲天下，今所蓄安在？"守仁曰："宸濠异时尽以输京师要人，约内应，籍可按也。"忠、泰故尝纳宸濠贿者，气慑不敢复言。已，轻守仁文士，强之射。徐起，三发三中。京军皆欢呼，忠、泰益沮。会冬至，守仁命居民巷祭，已，上冢哭。时新丧乱，悲号震野。京军离家久，闻之无不泣下思归者。忠、泰不得已班师。比见帝，与纪功给事中祝续、御史章纶谗毁百端，独永时时左右之。忠扬言帝前曰："守仁必反，试召之，必不至。"忠、泰屡矫旨召守仁。守仁得永密信，不赴。及是知出帝意，立驰至。忠、泰计沮，不令见帝。守仁乃入九华山，日晏坐僧寺。帝觇知之，曰："王守仁学道人，闻召即至，何谓反？"乃遣还镇，令更上捷音。守仁乃易前奏，言"奉威武大将军方略讨平叛乱"，而尽入诸嬖幸名，江彬等乃无言。

当是时，逸邪构煽，祸变叵测，微守仁，东南事几殆。世宗深知之。甫即位，趣召入朝受封。而大学士杨廷和与王琼不相能。守仁前后平贼，率归功琼，廷和不喜，大臣亦多忌其功。会有言国哀未毕，不宜举宴行赏者，因拜守仁南京兵部尚书。守仁不赴，请归省。已，论功封特进光禄大夫、柱国、新建伯，世袭，岁禄一千石。然不予铁券，岁禄亦不给。诸同事有功者，惟吉安守伍文定至大官，当上赏。其他皆名示迁，而阴绌之，废斥无存者。守仁愤甚。时已丁父忧，屡疏辞爵，乞录诸臣功，咸报寝。免丧，亦不召。久之，所善席书及门人方献夫、黄绾以议礼得幸，言于张璁、桂萼，将召用，而费宏故衔守仁，复沮之。屡推兵部尚书，三边总督，提督团营，皆弗果用。

嘉靖六年，思恩、田州土酋卢苏、王受反。总督姚镆不能定，乃诏守仁以原官兼左都御史，总督两广兼巡抚。绾因上书讼守仁功，请赐铁券、岁禄，并叙讨贼诸臣，帝咸报可。守仁在道，疏陈用兵之非，且言："思恩未设流官，土酋岁出兵三千，听官征调。

既设流官，我反岁遣兵数千防戍。是流官之设，无益可知。且田州邻交阯，深山绝谷，悉瑶、僮盘据，必仍设土官，斯可藉其兵力为屏蔽。若改土为流，则边鄙之患，我自当之，后必有悔。"章下兵部，尚书王时中条其不合者五，帝令守仁更议。十二月，守仁抵浔州，会巡按御史石金定计招抚。悉散遣诸军，留永顺、保靖土兵数千，解甲休息。苏、受初求抚不得，闻守仁至益惧，至是则大喜。守仁赴南宁，二人遣使乞降，守仁令诣军门。二人窃议曰："王公素多诈，恐绐我。"陈兵入见。守仁数二人罪，杖而释之。亲入营，抚其众七万。奏闻于朝，陈用兵十害，招抚十善。因请复设流官，量割田州地，别立一州，以岑猛次子邦相为吏目，署州事，俟有功擢知州。而于田州置十九巡检司，以苏、受等任之，并受约束于流官知府。帝皆从之。

断藤峡瑶贼，上连八寨，下通仙台、花相诸洞蛮，盘亘三百余里，郡邑罹害者数十年。守仁欲讨之，故留南宁。罢湖广兵，示不再用。伺贼不备，进破牛肠、六寺等十余寨，峡贼悉平。遂循横石江而下，攻克仙台、花相、白竹、古陶、罗凤诸贼。令布政使林富率苏、受兵直抵八寨，破石门，副将沈希仪邀斩轶贼，尽平八寨。

始，帝以苏、受之抚，遣行人奉玺书奖谕。及奏断藤峡捷，则以手诏问阁臣杨一清等，谓守仁自夸大，且及其生平学术。一清等不知所对。守仁之起由璁、萼荐，萼故不善守仁，以璁强之。后萼长吏部，璁入内阁，积不相下。萼暴贵喜功名，风守仁取交阯，守仁辞不应。一清雅知守仁，而黄绾尝上疏欲令守仁入辅，毁一清，一清亦不能无移憾。萼遂显诋守仁征抚交失，赏格不行。献夫及霍韬不平，上疏争之，言："诸瑶为患积年，初尝用兵数十万，仅得一田州，旋复召寇。守仁片言驰谕，思、田稽首。至八寨、断藤峡贼，阻深岩绝冈，国初以来未有轻议剿者，今一举荡平，若拉枯朽。议者乃言守仁受命征思、田，不受命征八寨。夫大夫出疆，有可以安国家，利社稷，专之可也，况守仁固承诏得便宜从事者乎？守仁讨平叛藩，忌者诬以初同贼谋，又诬其辇载金帛。当时大臣杨廷和、乔宇饰成其事，至今未白。夫忠如守仁，有功如守仁，一屈于江西，再屈于两广。臣恐劳臣灰心，将士解体，后此疆圉有事，谁复为陛下任之！"帝报闻而已。

守仁已病甚，疏乞骸骨，举郧阳巡抚林富自代，不俟命竟归。行至南安卒，年五十七。丧过江西，军民无不缟素哭送者。

守仁天姿异敏。年十七谒上饶娄谅，与论朱子格物大指。还家，日端坐，讲读《五经》，不苟言笑。游九华归，筑室阳明洞中。泛滥二氏学，数年无所得。谪龙场，穷荒无书，日绎旧闻。忽悟格物致知，当自求诸心，不当求诸事物，喟然曰："道在是矣。"遂笃信不疑。其为教，专以致良知为主。谓宋周、程二子后，惟象山陆氏简易直捷，有以接孟氏之传。而朱子《集注》、《或问》之类，乃中年未定之说。学者翕然从之，世遂有"阳明学"云。

守仁既卒，桂萼奏其擅离职守。帝大怒，下廷臣议。萼等言："守仁事不师古，言不称师。欲立异以为高，则非朱熹格物致知之论；知众论之不予，则为朱熹晚年定论之书。号召门徒，互相倡和。才美者乐其任意，庸鄙者借其虚声。传习转讹，背谬弥甚。但讨捕畲贼，擒获叛藩，功有足录，宜免追夺伯爵以章大信，禁邪说以正人心。"帝乃下诏停世袭，恤典俱不行。隆庆初，廷臣多颂其功。诏赠新建侯，谥文成。二年予世袭伯爵。既又有请以守仁与薛瑄、陈献章同从祀文庙者。帝独允礼臣议，以瑄配。及万历十二年，御史詹事讲申前请。大学士申时行等言："守仁言致知出《大学》，良知出《孟子》。陈献章主静，沿宋儒周敦颐、程颢。且孝友出处如献章，气节文章功业如守仁，不可谓禅，诚宜崇祀。"且言胡居仁纯心笃行，众论所归，亦宜并祀。帝皆从之。终明之世，从祀者止守仁等四人。

始守仁无子，育弟子正宪为后。晚年，生子正亿，二岁而孤。既长，袭锦衣副千户。隆庆初，袭新建伯。万历五年卒。子承勋嗣，督漕运二十年。子先进，无子，将以弟先达子业弘继。先达妻曰："伯无子，爵自传吾夫。由父及子，爵安往？"先进怒，因育族子业洵为后。及承勋卒，先进未袭死。业洵自以非嫡嗣，终当归爵先达，且虞其争，乃谤先达为乞养，而别推承勋弟子先通当嗣，屡争于朝，数十年不决。崇祯时，先达子业弘复与先通疏辨。而业洵兄业浩时为总督，所司惧忤业浩，竟以先通嗣。业弘愤，持疏入禁门诉。自刎不殊，执下狱，寻释。先通袭伯四年，流贼陷京师，被杀。

守仁弟子盈天下，其有传者不复载。惟冀元亨尝与守仁共患难。

冀元亨，字惟乾，武陵人。笃信守仁学。举正德十一年乡试。从守仁于赣，守仁属以教子。宸濠怀不轨，而外务名高，贻书守仁问学，守仁使元亨往。宸濠语挑之，佯不喻，独与之论学，宸濠目为痴。他日讲《西铭》，反覆君臣义甚悉。宸濠亦服，厚赠遣之，元亨反其赠于官。已，宸濠败，张忠、许泰诬守仁与通。诘宸濠，言无有。忠等诘不已，曰："独尝遣冀元亨论学。"忠等大喜，搒元亨，加以砲烙，终不承，械系京师诏狱。

世宗嗣位，言者交白其冤，出狱五日卒。元亨在狱，善待诸囚若兄弟，囚皆感泣。其被逮也，所司系其妻李，李无怖色，曰：

"吾夫尊师乐善，岂他虑哉！"狱中与二女治麻枲不辍。事且白，守者欲出之。曰："未见吾夫，出安往？"按察诸僚妇闻其贤，召之，辞不赴。已就见，则囚服见，手不释麻枲。问其夫学，曰："吾夫之学，不出闺门衽席间。"闻者悚然。

赞曰：王守仁始以直节著。比任疆事，提弱卒，从诸书生扫积年逋寇，平定孽藩。终明之世，文臣用兵制胜，未有如守仁者也。当危疑之际，神明愈定，智虑无遗，虽由天资高，其亦有得于中者欤。矜其创获，标异儒先，卒为学者讥。守仁尝谓胡世宁少讲学，世宁曰："某恨公多讲学耳。"桂萼之议虽出于媢忌之私，抑流弊实然，固不能以功多为讳矣。